I0838796

EL CAMBIO CLIMÁTICO Y LA HUMANIDAD

RETOS Y SOLUCIONES

DAVID SANDUA

"El cambio climático es el mayor desafío para nuestra existencia en el planeta Tierra, y tenemos que hacer frente a la realidad."

Al Gore, ex vicepresidente de los Estados Unidos y activista climático.

I. INTRODUCCIÓN

En los últimos años, el cambio climático se ha convertido en uno de los mayores desafíos para la humanidad. Este fenómeno se produce debido a la emisión de gases de efecto invernadero, como el dióxido de carbono, que atrapan el calor en la atmósfera y provocan un aumento de la temperatura global. Esta situación ha llevado a una serie de consecuencias negativas para nuestro planeta, incluyendo el derretimiento de los glaciares, el aumento del nivel del mar, la desertificación y la frecuencia cada vez mayor de fenómenos meteorológicos extremos. Aún estamos a tiempo de tomar medidas para proteger nuestro planeta y garantizar un futuro sostenible. En este ensayo, se explorarán los retos y soluciones que la humanidad enfrenta en relación con los cambios climáticos, así como las acciones que podemos tomar para mitigar sus efectos y garantizar un futuro habitable para las generaciones venideras.

DEFINICIÓN DEL CAMBIO CLIMÁTICO

El cambio climático es un término que se refiere a los cambios significativos en el clima global durante un largo período de tiempo. El clima de la Tierra siempre ha estado en constante evolución debido a los cambios en la actividad solar y los ciclos naturales de enfriamiento y calentamiento. El cambio climático que estamos experimentando hoy en día es diferente. En lugar de cambiar gradualmente, está ocurriendo a un ritmo alarmante. Los científicos han descubierto que la actividad humana, en particular la quema de combustibles fósiles y la deforestación, están emitiendo grandes cantidades de gases de efecto invernadero que están atrapando el calor en la atmósfera, lo que hace que la temperatura global aumente rápidamente. Esto ha resultado en la acidificación de los océanos, la elevación del nivel del mar, el deshielo de los glaciares y el aumento de la frecuencia e intensidad de los eventos climáticos extremos como huracanes, sequías y olas de calor.

A medida que el cambio climático se ha vuelto más evidente, se han adoptado diversas medidas para mitigar el daño. Un gran número de países se han comprometido a reducir las emisiones de gases de efecto invernadero. En 2015, 196 países firmaron el Acuerdo de París, que establece objetivos específicos a nivel nacional para reducir las emisiones de gases de efecto invernadero a fin de limitar el aumento de la temperatura global a 2°C por encima de los niveles preindustriales. Muchos gobiernos, organizaciones y grupos de la sociedad civil están trabajando para promover la energía renovable, mejorar la eficiencia energética, fomentar la reforestación y el uso sostenible de la tierra y reducir la producción de productos de consumo que contribuyen significativamente a la emisión de gases de efecto invernadero.

Al mismo tiempo, la sociedad civil y los ciudadanos también juegan un papel importante en la lucha contra el cambio climático. Al hacer cambios en nuestro estilo de vida diario, podemos reducir significativamente nuestra huella de carbono. Esto podría incluir cosas tan simples como apagar las luces y los aparatos electrónicos cuando no están en uso, reducir el consumo de carne, utilizar el transporte público o bicicletas en lugar de los coches, y comprar productos de empresas éticas y sostenibles. Además de estas medidas, hay una necesidad urgente de desarrollar tecnologías innovadoras y políticas públicas que nos posibiliten alcanzar objetivos climáticos más ambiciosos. Estas políticas podrían incluir la introducción de planes de impuestos al carbono y el establecimiento de estándares de eficiencia energética para los edificios y los vehículos.

La amenaza del cambio climático es urgente y es necesario tomar acción ahora para combatirlo. Si hacemos cambios significativos y trabajamos juntos como sociedad global, podremos proteger nuestro planeta para las generaciones futuras.

IMPORTANCIA DEL TEMA EN LA ACTUALIDAD

La importancia del tema del cambio climático en la actualidad no puede ser subestimada, ya que este es uno de los mayores problemas a los que se enfrenta la humanidad.

Los efectos del cambio climático, como el aumento de las temperaturas globales, la acidificación de los océanos, la pérdida de la biodiversidad y el aumento del nivel del mar, ya están teniendo un impacto en nuestras vidas y en el medio ambiente. La realidad es que estamos viendo cambios drásticos en nuestro entorno natural, lo que afecta la calidad de vida de muchas personas y de la flora y fauna de nuestro planeta. El aumento de las emisiones de gases de efecto invernadero, causado principalmente por la actividad humana, se ha convertido en una amenaza que no podemos ignorar.

Es crucial que tomemos medidas para proteger nuestro planeta para las generaciones futuras. Hay muchas acciones que se pueden tomar para abordar el cambio climático, entre ellas, reducir nuestras emisiones de gases de efecto invernadero, aumentar el uso de energías renovables, fomentar prácticas agrícolas sostenibles y proteger áreas naturales críticas. Estas soluciones pueden parecer pequeñas, pero en conjunto pueden marcar una gran diferencia para proteger el medio ambiente y garantizar un futuro sostenible para nuestro planeta. Es importante que tomemos acción ahora, ya que cada día que pasa sin hacer nada, los impactos del cambio climático se vuelven más severos y difíciles de revertir.

Es nuestro deber como seres humanos asegurarnos de que el planeta sea habitable para las generaciones venideras y de que podamos disfrutar de los recursos naturales de los que dependemos para sobrevivir.

PROPÓSITO DEL ENSAYO

El propósito del presente ensayo es analizar la situación actual del cambio climático y su impacto en la humanidad. En este sentido, se ha investigado exhaustivamente la amenaza que representa el cambio climático y se han examinado algunas de las respuestas que se han dado a esta problemática a nivel internacional. Es evidente que, desde hace varias décadas, la comunidad científica ha sido clara en cuanto a las consecuencias negativas del cambio climático, pero a pesar de ello, aún hoy son muchos los que ignoran esta realidad o se muestran indiferentes ante ella. Ante esta situación, es necesario adoptar una actitud proactiva y emprender acciones concretas que nos permitan proteger nuestro planeta para las generaciones futuras. En este sentido, una de las primeras medidas a tomar es concientizar a la población sobre los efectos del cambio climático y la necesidad de adoptar hábitos de consumo responsables y sostenibles. Asimismo, es fundamental implementar políticas públicas que promuevan la adopción de tecnologías limpias y el uso de energías renovables. En este sentido, es importante destacar que algunos países han avanzado significativamente en este sentido, pero aún hay mucho por hacer en la materia. El cambio climático es una amenaza que nos afecta a todos, y solo con la cooperación y el esfuerzo conjunto de gobiernos, empresas y ciudadanos, podremos proteger nuestro planeta y asegurar un futuro sostenible. A medida que el cambio climático se ha profundizado, hemos visto un aumento de las fuerzas destructivas de la naturaleza, como las tormentas, los incendios y los huracanes. Aunque ya se han tomado algunas medidas para prevenir el daño al medio ambiente, todavía hay mucho por hacer para proteger el planeta para las generaciones futuras. Una de las mejores maneras de abordar el cambio climático es a través del uso de tecnologías limpias y renovables. La industria de la energía es un importante contribuyente a las emisiones de gases de efecto invernadero, y es crucial que adoptemos fuentes de energía más limpias, como la energía solar y eólica. Necesitamos adoptar prácticas agrícolas más sostenibles y reducir nuestra dependencia de productos químicos tóxicos. También es importante abordar el problema del cambio climático a nivel político, mediante la firma y el cumplimiento de tratados internacionales que limiten las emisiones de gases de efecto invernadero. Debemos educarnos sobre los peligros del cambio climático y trabajar juntos para encontrar soluciones que protejan nuestro planeta para las generaciones futuras.

II. CAUSAS DEL CAMBIO CLIMÁTICO

Uno de los principales factores que contribuyen al cambio climático es la emisión de gases de efecto invernadero. Los seres humanos, a través de la quema de combustibles fósiles, la agricultura intensiva y la deforestación, han aumentado significativamente la cantidad de dióxido de carbono, metano y óxido nitroso en la atmósfera. Estos gases retienen el calor del sol en la Tierra, lo que provoca un aumento de la temperatura global. Las actividades humanas también emiten aerosoles y otros contaminantes que afectan el clima. Otro factor que contribuye al cambio climático es la variabilidad natural del clima, como los cambios en la actividad solar y los patrones de circulación oceánica. La evidencia científica muestra que la influencia humana en el clima es mucho mayor que cualquier variabilidad natural. En cuanto a las acciones que podemos tomar para proteger nuestro planeta, existen varias opciones. Por ejemplo, podemos reducir nuestras emisiones de gases de efecto invernadero utilizando fuentes de energía renovable, como la energía solar, eólica e hidroeléctrica. También podemos adoptar hábitos de consumo más sostenibles, como reducir nuestra dependencia de los productos de plástico y la carne, y optar por alimentos locales y orgánicos siempre que sea posible. La conservación y restauración de los ecosistemas naturales, como los bosques y los humedales, también puede ayudar a reducir las emisiones de gases de efecto invernadero, ya que estos ecosistemas actúan como sumideros de carbono. Finalmente, es importante que apoyemos políticas y acuerdos internacionales diseñados para abordar el cambio climático, como el Acuerdo de París y los Objetivos de Desarrollo Sostenible de las Naciones Unidas. Juntos, podemos tomar medidas para proteger nuestro planeta y garantizar que las generaciones futuras puedan disfrutar de un mundo habitable y sostenible.

EMISIONES DE GASES EFECTO INVERNADERO

En la actualidad, una de las principales amenazas que enfrenta nuestro planeta es el cambio climático, el cual se produce en gran medida a causa de las emisiones de gases de efecto invernadero. Estos gases, como el dióxido de carbono y el metano, son producidos por diversas actividades humanas, como la quema de combustibles fósiles, la deforestación y la agricultura intensiva. Debido a su capacidad para retener el calor en la atmósfera, estas emisiones tienen el potencial de producir serios desequilibrios en el clima global, lo que puede dar lugar a sequías, inundaciones, tormentas más violentas y aumento del nivel del mar, entre otros efectos negativos.

Desde hace varias décadas, la comunidad científica ha estado alertando sobre los peligros del cambio climático y la importancia de actuar de forma efectiva para reducir las emisiones de gases de efecto invernadero. En este sentido, se han desarrollado diversas estrategias para combatir este problema, tanto a nivel internacional como nacional y local. En el plano internacional, destaca el Acuerdo de París de 2015, en el que países de todo el mundo se comprometieron a reducir sus emisiones de gases de efecto invernadero y a trabajar juntos para limitar el aumento de la temperatura global a menos de 2°C respecto de los niveles preindustriales.

A nivel nacional, muchos países han desarrollado planes y políticas para abordar el cambio climático, como el fomento de las energías renovables, la mejora de la eficiencia energética y la promoción del transporte sostenible. En algunos casos, se han establecido impuestos o mecanismos de comercio de emisiones para desincentivar la emisión de gases contaminantes. En el plano local, también se están llevando a cabo iniciativas para reducir las emisiones de gases de efecto invernadero, como la promoción del transporte público y la bicicleta, el fomento de la agricultura ecológica y el establecimiento de medidas de eficiencia energética en edificios y viviendas.

A pesar de estos esfuerzos, aún queda mucho por hacer para proteger nuestro planeta y garantizar un futuro sostenible para las generaciones venideras. Una de las medidas más importantes es la reducción de nuestra dependencia de combustibles fósiles y la transición hacia un modelo energético basado en fuentes renovables y limpias. Esto implica no solo el fomento de las energías renovables, sino también la mejora de la eficiencia energética, la promoción del transporte sostenible y la implementación de políticas que desincentiven el uso de combustibles fósiles.

Otra medida importante es la protección y restauración de los bosques y otros ecosistemas naturales, ya que estos actúan como sumideros de carbono y pueden ayudar a absorber parte de las emisiones de gases de efecto invernadero. También es importante adoptar prácticas agrícolas más sostenibles y eficientes, que reduzcan las emisiones de metano y óxido nitroso y promuevan la salud del suelo. En este sentido, la agroecología y la agricultura regenerativa pueden ser herramientas valiosas para lograr una agricultura más sostenible y resiliente.

es fundamental que cada uno de nosotros asuma su responsabilidad individual en la lucha contra el cambio climático y adopte patrones de consumo más sostenibles y responsables. Esto incluye reducir nuestro consumo de carne y productos lácteos, que son responsables de una gran cantidad de emisiones de gases de efecto invernadero, así como reducir nuestro uso de plásticos y otros materiales contaminantes. También podemos optar por medios de transporte más sostenibles, reducir nuestro consumo de energía y agua en casa y apoyar empresas y organizaciones comprometidas con la sostenibilidad.

El cambio climático es una amenaza real y urgente que requiere de una respuesta colectiva y coordinada por parte de la sociedad. La reducción de las emisiones de gases de efecto invernadero es una tarea urgente y vital para garantizar un futuro sostenible para nuestro planeta y las generaciones futuras. Para lograr esto, es necesario adoptar medidas en todos los niveles, desde el internacional hasta el individual, y trabajar juntos en la implementación de políticas y acciones efectivas que permitan abordar este desafío y construir un futuro más sostenible y justo para todos.

ACTIVIDADES HUMANAS

Las actividades humanas son una de las principales causas del cambio climático. Las emisiones de gases de efecto invernadero que se generan a través de la quema de combustibles fósiles, la deforestación y la agricultura intensiva son algunos ejemplos de las actividades humanas que impactan en el medio ambiente y el clima. El crecimiento de las ciudades y la producción masiva de bienes y alimentos están generando una enorme presión sobre los recursos naturales y aumentando la emisión de gases contaminantes. Estas actividades también están afectando los ecosistemas naturales, causando la pérdida de biodiversidad y la degradación de suelos, ríos y mares.

Para responder a esta amenaza, se están llevando a cabo numerosas acciones a nivel local, nacional e internacional. En muchos países, se están implementando políticas públicas para reducir la emisión de gases de efecto invernadero y fomentar el uso de energías renovables, como la energía solar y eólica. También se promueve la eficiencia energética en las industrias y edificios, y el transporte sostenible, como el uso de bicicletas y transporte público limpio. Se está trabajando en la restauración de ecosistemas degradados y en la protección de áreas naturales, como los bosques y los mares, que son fundamentales para la absorción de carbono y la conservación de la biodiversidad.

A nivel internacional, los acuerdos como el Protocolo de Kioto y el Acuerdo de París sobre el Cambio Climático establecen compromisos y objetivos para reducir la emisión de gases de efecto invernadero y adaptarse al cambio climático. Estos acuerdos fomentan la cooperación entre los países y promueven la transferencia de tecnologías y recursos para ayudar a los países menos desarrollados a enfrentar esta problemática.

Aún queda mucho por hacer para proteger nuestro planeta para las generaciones futuras. Se necesitan medidas más ambiciosas y una mayor inversión en las energías renovables y en la investigación y desarrollo de tecnologías más limpias. También es necesario promover una cultura de consumo sostenible y reducir el desperdicio de alimentos y recursos. La educación y la conciencia pública también son fundamentales para fomentar un cambio de mentalidad y de hábitos hacia una vida más respetuosa con el medio ambiente.

El cambio climático es uno de los desafíos más grandes que enfrenta la humanidad. Las actividades humanas son una de las principales causas de este fenómeno, pero también pueden ser la solución. Se requiere un esfuerzo colectivo y la adopción de medidas y políticas que promuevan la sostenibilidad y la protección del medio ambiente para asegurar un futuro seguro y saludable para las generaciones futuras.

IMPACTO EN EL MEDIO AMBIENTE

El impacto en el medio ambiente debido a la actividad humana es innegable. Desde la Revolución Industrial, las emisiones de gases de efecto invernadero han ido en aumento constantemente. A medida que la población mundial crece y las economías se expanden, la demanda de energía y recursos naturales también se ha incrementado. Estos recursos son finitos y su uso excesivo tiene consecuencias negativas para nuestro planeta. Por ejemplo, la deforestación afecta directamente la calidad del aire, reduce la capacidad del suelo para retener agua y aumenta el riesgo de inundaciones y deslizamientos de tierra. La contaminación del agua daña la calidad y cantidad de los recursos hídricos, lo que afecta la biodiversidad y la salud humana. La acidificación del océano tiene consecuencias negativas para los ecosistemas marinos y para la economía de las comunidades costeras. Las acciones que se pueden tomar para proteger nuestro planeta para las generaciones futuras son diversas. Una de las soluciones más efectivas es la transición hacia una economía circular. Esto significa que se debe reducir la cantidad de residuos generados, reutilizar lo que sea posible y reciclar el resto de manera eficiente. Al usar menos recursos y reutilizar productos, se reduce la cantidad de energía utilizada en la producción y se disminuyen las emisiones de gases de efecto invernadero. También se recomienda el uso de energías renovables y la reducción de la dependencia de los combustibles fósiles. La energía solar, eólica y geotérmica son alternativas limpias y sostenibles que no emiten gases de efecto invernadero.

Otro paso importante es la educación y la sensibilización de la sociedad. Si no somos conscientes del impacto que nuestras acciones tienen en el medio ambiente, es difícil que podamos tomar medidas para protegerlo. Los gobiernos tienen un papel crucial en este aspecto, al desarrollar políticas y estrategias que promuevan la sustentabilidad y la preservación del medio ambiente. Por ejemplo, se pueden establecer incentivos fiscales para las empresas que reduzcan sus emisiones de gases de efecto invernadero o que implementen tecnologías más limpias. Se pueden establecer medidas para fomentar un transporte más sostenible, como la construcción de carriles bici y la promoción del transporte público.

También es importante involucrar a los consumidores en el proceso de cambio. Las decisiones de compra que tomamos a diario pueden tener un gran impacto en el medio ambiente. Al optar por productos locales, orgánicos y con un menor impacto ambiental, se puede reducir significativamente nuestra huella de carbono. Al elegir consumir menos, ya sea reduciendo el consumo de carne o evitando las compras innecesarias, se puede contribuir a la reducción de la demanda de recursos.

Otra medida importante es la protección de los ecosistemas naturales. Un enfoque clave es la conservación de la biodiversidad en paisajes naturales y urbanos. Los ecosistemas saludables son fundamentales para nuestro suministro de agua, alimentos y aire limpio. La protección y restauración de la biodiversidad es esencial para la resiliencia de los ecosistemas y la capacidad de estos para resistir los impactos del cambio climático. Esto incluye la creación de áreas de conservación marinas y terrestres, la restauración de humedales y la reforestación de áreas degradadas. Es importante destacar el papel que desempeñan los países en la lucha contra el cambio climático. La cooperación internacional es esencial para asegurar que se tomen medidas efectivas en todo el mundo. Firmar acuerdos internacionales como el Acuerdo de París puede llevar a cambios significativos en la reducción de las emisiones de gases de efecto invernadero y la mitigación del cambio climático.

La cooperación entre países desarrollados y en desarrollo para facilitar la transición hacia economías bajas en emisiones es esencial para abordar el cambio climático en una escala global.

la protección del medio ambiente es un tema fundamental para salvaguardar nuestro planeta para las generaciones futuras. Para enfrentar los retos del cambio climático, se deben adoptar medidas para reducir el consumo de recursos, fomentar la economía circular, promover las energías renovables, aumentar la educación y sensibilización de la sociedad, involucrar a los consumidores, proteger la biodiversidad y trabajar en colaboración a nivel internacional.

Las amenazas que el cambio climático representa para la humanidad son cada vez más evidentes. El aumento de la temperatura global, el derretimiento de los glaciares y el aumento del nivel del mar, son solo algunos de los síntomas de este problema global. Afortunadamente, aunque hay mucho por hacer, ya estamos empezando a responder a esta amenaza. En todo el mundo, se está investigando y desarrollando tecnologías que permitirán reducir las emisiones de gases de efecto invernadero. Asimismo, los gobiernos y las organizaciones internacionales han adoptado medidas para concientizar a la población y promover el uso de energías renovables. En cuanto a las acciones que podemos tomar para proteger nuestro planeta, hay varias soluciones. En primer lugar, debemos reducir nuestra huella de carbono. Esto puede lograrse a través de pequeños gestos como reciclar, usar menos energía y transporte público, así como comprar productos locales y de comercio justo. También es necesario que promovamos la transición hacia una economía más sostenible mediante la promoción de energías renovables y la inversión en tecnologías limpias. La protección del planeta debe ser un compromiso que tengamos todos, ya que solo así podremos asegurar un futuro habitable y sostenible para las próximas generaciones.

III. CONSECUENCIAS DEL CAMBIO CLIMÁTICO

El cambio climático ya ha tenido numerosas consecuencias negativas en todo el mundo, desde inundaciones hasta sequías y olas de calor extremas. Los océanos también están experimentando cambios de temperatura y de acidez, lo que tiene un gran impacto en la vida marina. Los ecosistemas terrestres están siendo alterados a medida que las temperaturas aumentan, lo que amenaza la supervivencia de muchas especies. Las principales consecuencias del cambio climático incluyen el aumento del nivel del mar, el derretimiento de los glaciares y la disminución de la biodiversidad.

Uno de los mayores peligros del cambio climático es el aumento del nivel del mar. A medida que los océanos se calientan, el agua se expande y provoca una elevación del nivel del mar. El derretimiento de los glaciares y los casquetes polares contribuyen a este aumento. Si no se toman medidas para reducir las emisiones de gases de efecto invernadero, se espera que el nivel del mar aumente entre 26 y 82 centímetros para 2100. Esto tendría graves consecuencias para las zonas costeras, incluyendo la inundación de ciudades enteras y la pérdida de tierras agrícolas. Otra consecuencia importante del cambio climático es el derretimiento de los glaciares. Los glaciares están disminuyendo en tamaño en todo el mundo, lo que tiene un gran impacto en los ecosistemas circundantes. Los glaciares actúan como sumideros de agua, almacenando grandes cantidades de agua en forma de hielo y liberándola gradualmente durante todo el año. Como resultado del derretimiento de los glaciares, muchas regiones del mundo están experimentando sequías y la pérdida de agua dulce. El derretimiento de los glaciares también tiene un impacto significativo en la biodiversidad, ya que muchas especies dependen de los ecosistemas glaciares para sobrevivir.

La disminución de la biodiversidad es otra consecuencia importante del cambio climático. A medida que las temperaturas aumentan, muchas especies están experimentando cambios en su hábitat y en su comportamiento. Algunas especies están migrando hacia regiones más frescas en busca de un clima más adecuado, mientras que otras están extinguiéndose debido a la pérdida de su hábitat natural. Esto tiene un impacto en todo el ecosistema, ya que cada especie desempeña un papel importante en la cadena alimentaria y en el equilibrio natural.

Para proteger nuestro planeta para las generaciones futuras, es importante tomar medidas para reducir las emisiones de gases de efecto invernadero. Esto se puede lograr de varias maneras, como la adopción de tecnologías limpias y energías renovables, y la implementación de políticas públicas que fomenten la reducción de emisiones. También es importante reducir el consumo de energía y promover la eficiencia energética en todos los sectores. En el sector del transporte, se pueden promover formas más sostenibles de moverse, como el transporte público, las bicicletas y los vehículos eléctricos. En el sector industrial, se pueden desarrollar tecnologías más limpias y eficientes, y se pueden promover prácticas comerciales más sostenibles. En el sector de la construcción, se puede promover la eficiencia energética en los edificios y se puede fomentar el uso de materiales sostenibles. Es importante tomar medidas para adaptarnos a los efectos del cambio climático que ya están teniendo lugar. Esto incluye la construcción de infraestructuras resistentes al clima, la promoción de la gestión sostenible del agua y la restauración de los ecosistemas dañados. También es importante educar al público sobre los efectos del cambio climático y promover el cambio de comportamiento para reducir nuestra huella de carbono.

el cambio climático es una amenaza global que ya está teniendo graves consecuencias en todo el mundo. El aumento del nivel del mar, el derretimiento de los glaciares y la disminución de la biodiversidad son solo algunas de las consecuencias negativas del cambio climático. Para proteger nuestro planeta para las generaciones futuras, es importante tomar medidas para reducir las emisiones de gases de efecto invernadero y adaptarnos a los efectos del cambio climático que ya están teniendo lugar. Esto requiere la adopción de tecnologías limpias, la promoción de prácticas comerciales sostenibles y la educación del público sobre los efectos del cambio climático y cómo pueden tomar medidas para reducir su impacto. Si tomamos medidas con decisión y determinación, podemos proteger nuestro planeta y garantizar un futuro sostenible para todos.

AUMENTO DE LA TEMPERATURA GLOBAL

El aumento de la temperatura global es uno de los principales efectos del cambio climático que afecta a nuestro planeta. El clima de la Tierra está experimentando un cambio significativo en la temperatura, lo que afecta a la diversidad ecológica y a la sobrevivencia de las especies. Esto se debe en gran medida a la emisión de gases de efecto invernadero que, como el dióxido de carbono, se liberan a la atmósfera en cantidades alarmantes debido a la actividad humana. El calentamiento global también provoca un aumento en la frecuencia y la intensidad de los eventos meteorológicos extremos, como ciclones, tornados, inundaciones y sequías. Las consecuencias del aumento de la temperatura global afectan a la salud humana, especialmente en países en desarrollo, así como a la agricultura, la pesca y a los recursos hídricos. Aunque se han llevado a cabo esfuerzos para reducir estas emisiones, todavía hay mucho por hacer para mitigar los efectos del cambio climático en nuestro planeta.

Para proteger nuestro planeta para las generaciones futuras, es necesario tomar medidas a nivel global y regional para reducir las emisiones de gases de efecto invernadero y cambiar la forma en que generamos y utilizamos energía. Una forma de hacerlo es a través de la inversión en energías renovables, como la solar y la eólica. Es importante adoptar una economía circular que reduzca el uso de recursos naturales y minimice la producción de desechos. También es fundamental implementar políticas y regulaciones que fomenten una forma de producción y consumo sostenible, lo que incluye fomentar la adopción de tecnologías más limpias y eficientes. Es necesario concienciar sobre la importancia del cambio climático y fomentar la educación en cuanto a la gestión sostenible del medio ambiente para incentivar a la sociedad a tomar acciones responsables en su día a día. La lucha contra el cambio climático también involucra medidas de adaptación para hacer frente a los efectos ya inevitables del calentamiento global. Estas medidas incluyen mejorar la infraestructura para hacer frente a eventos climáticos extremos, reajustar las actividades económicas para hacerlas más resilientes al cambio climático y proteger a los grupos más vulnerables como los pobres, las comunidades indígenas y la gente que vive en áreas de alto riesgo climático. Es importante que se lleven a cabo estudios de evaluación de riesgos para identificar las zonas más vulnerables al cambio climático y establecer políticas de prevención y adopción de medidas. A nivel comunitario, la adaptación se puede lograr mediante prácticas agrícolas sostenibles, el uso de semillas mejoradas y técnicas de cultivo adaptativas para hacer frente a las nuevas condiciones climáticas. En las ciudades, se puede mejorar la planificación urbana para reducir el riesgo de inundaciones, deslizamientos de tierra y sequías. Es importante mencionar que estas medidas solo son efectivas si se implementan de manera equitativa y justa. Los efectos del cambio climático son desproporcionados en todo el mundo, ya que son los países más pobres y las personas más vulnerables quienes más sufren las consecuencias. Para que las soluciones sean efectivas, es necesario involucrar a todos los sectores de la sociedad, especialmente a las personas más afectadas. Es importante que las soluciones se enfoquen en la justicia climática, lo que significa garantizar que los beneficios de las soluciones alcancen a todos, pero especialmente a los más vulnerables.

El aumento de la temperatura global es una amenaza muy real para nuestro planeta, pero hay medidas que se pueden tomar para mitigar sus efectos y proteger nuestro hogar para las generaciones futuras. A nivel global y regional, es importante invertir en energías renovables, adoptar una economía circular y promover la producción y el consumo sostenible. A nivel local, las prácticas agrícolas sostenibles, la planificación urbana y la adopción de medidas de adaptación son algunas de las medidas que se pueden tomar. La justicia climática debe ser una consideración importante en todas las soluciones que se adopten. El cambio climático es un problema complejo, pero con la adopción de políticas y prácticas más sostenibles y el compromiso de todos los sectores de la sociedad, podemos proteger nuestro hogar común.

CAMBIOS EN LOS PATRONES DE PRECIPITACIÓN

En las últimas décadas, se han registrado cambios significativos en los patrones de precipitación en todo el mundo. La cantidad y la frecuencia de la lluvia se han alterado, afectando la disponibilidad de agua, los ciclos agrícolas y la reproducción de los ecosistemas. Las sequías y las inundaciones extremas se han vuelto más comunes, llevando a la pérdida de cosechas, la escasez de alimentos y el desplazamiento de comunidades enteras. Estos cambios en los patrones de precipitación son consecuencia directa del cambio climático, provocado por el aumento de gases de efecto invernadero en la atmósfera.

Ante esta amenaza, la comunidad internacional ha comenzado a tomar medidas para mitigar y adaptarse al cambio climático. Una de las principales acciones es la reducción de las emisiones de gases de efecto invernadero, a través de la transición hacia sistemas de energía renovable y la adopción de prácticas sostenibles en la industria, el transporte y la agricultura. Se están desarrollando estrategias de gestión del agua para adaptar a los ecosistemas a los nuevos patrones de precipitación, como la construcción de infraestructuras de almacenamiento y la promoción de la conservación del suelo y la vegetación.

todavía queda mucho por hacer para proteger nuestro planeta para las generaciones futuras. La educación y la concienciación pública son fundamentales para fomentar la acción colectiva y la toma de decisiones informadas. Asimismo, es imprescindible involucrar a los gobiernos y a los sectores privados en la adopción de políticas y prácticas sostenibles, así como en la financiación de proyectos que promuevan la resiliencia climática. La protección del medio ambiente y la lucha contra el cambio climático no deben tratarse como un costo, sino como una inversión en la calidad de vida, la justicia social y la estabilidad económica global. Los cambios en los patrones de precipitación son solo una muestra de los impactos devastadores que el cambio climático está teniendo sobre nuestro planeta. La adopción de medidas urgentes y colectivas es esencial para proteger el medio ambiente y garantizar un futuro sostenible para las generaciones venideras.

DERRETIMIENTO DE LOS GLACIARES Y AUMENTO DEL NIVEL DEL MAR

Uno de los efectos más evidentes del cambio climático en nuestro planeta es el derretimiento de los glaciares y el consecuente aumento del nivel del mar. El derretimiento de los glaciares es una consecuencia directa del aumento de la temperatura global debido a la emisión de gases de efecto invernadero. Este proceso tiene un efecto dominó significativo en los ecosistemas acuáticos y terrestres, así como en los asentamientos humanos que dependen de los recursos naturales. El derretimiento de los glaciares no solo hace que los cuerpos de agua se expandan, sino que también aumenta la frecuencia y la gravedad de las inundaciones costeras. Las comunidades costeras y las islas bajas corren el riesgo de desaparecer debido al aumento del nivel del mar. Las respuestas a la amenaza del cambio climático varían según los países y las comunidades. Se busca reducir la emisión de gases de efecto invernadero. En el ámbito internacional, se han llevado a cabo una serie de acuerdos, entre los que destaca el Acuerdo de París, donde se establece un marco global para reducir las emisiones de gases y fomentar el desarrollo sostenible. La implementación de estos acuerdos y la adopción de medidas concretas aún enfrentan numerosos obstáculos.

A nivel de políticas públicas, es esencial invertir en la investigación y el desarrollo de tecnologías más limpias y eficientes. Estas tecnologías incluyen la energía renovable, que no produce gases de efecto invernadero, los automóviles eléctricos, sistemas de transporte más eficientes y edificaciones más sostenibles. En este sentido, el fomento de la economía circular donde se priorice el reciclaje, la reutilización y la reducción de residuos es también una estrategia fundamental para reducir la huella de carbono. El fomento de formas de transporte alternativo, como bicicletas y transporte público también son claves para reducir la emisión de gases de efecto invernadero.

A nivel individual, todos podemos hacer nuestra parte en la adaptación al cambio climático. Algunas de las acciones cotidianas que podemos implementar incluyen reducir el consumo de energía eléctrica, ahorrar agua, reducir, reutilizar y reciclar, promover sistemas de transporte sostenibles, comprar productos de consumo locales y reducir el consumo de carne. También podemos apoyar a organizaciones y proyectos que buscan reducir la emisión de gases de efecto invernadero y que promueven el desarrollo sostenible.

En cuanto a la protección de nuestro planeta para las generaciones futuras, es esencial que se adopten medidas concretas y compromisos globales para frenar el cambio climático. Para ello, es fundamental asegurar la participación activa de las comunidades, la sociedad civil y sectores económicos en la definición de políticas y estrategias. La educación y sensibilización sobre la problemática del cambio climático es también clave para promover la toma de conciencia y la adopción de un estilo de vida más sostenible.

el cambio climático es un problema global que requiere una respuesta inmediata y coordinada por parte de todos los sectores de la sociedad. La amenaza del derretimiento de los glaciares y el aumento del nivel del mar es solo una de las muchas consecuencias evidentes del cambio climático. Para proteger nuestro planeta para las generaciones futuras, es esencial que se tomen medidas concretas a nivel político, económico y cotidiano para reducir la emisión de gases de efecto invernadero y promover el desarrollo sostenible. La acción individual y colectiva son la clave para frenar el cambio climático y asegurar un futuro sostenible para todos.

Desde hace décadas, el cambio climático se ha convertido en una amenaza latente para la humanidad y el planeta, manifestándose de diversas formas y a diferentes escalas. La comunidad científica ha venido alertando sobre las consecuencias catastróficas que puede generar esta problemática si no se toman medidas adecuadas para afrontarla. Por eso, la respuesta de la sociedad ante este desafío ha sido una de las cuestiones más importantes en la agenda mundial. Existen dos tipos de estrategias para enfrentar los cambios climáticos: la mitigación y la adaptación. La primera se enfoca en reducir las emisiones de gases de efecto invernadero, principal causa del fenómeno, a través de la adopción de tecnologías limpias y sostenibles, el uso de energías renovables, la promoción del transporte público y el cambio de hábitos en la vida cotidiana. La segunda se centra en la adaptación de las sociedades y los ecosistemas a los impactos ya existentes o inevitables del cambio climático, como la implementación de sistemas de alerta temprana para desastres naturales o la construcción de infraestructuras resistentes a los fenómenos extremos.

A nivel global, la respuesta ante el cambio climático se ha articulado principalmente a través de la Convención Marco de las

Naciones Unidas sobre el Cambio Climático (CMNUCC), un acuerdo alcanzado en la Cumbre de Río en 1992, con el objetivo de limitar el calentamiento global a 2°C por encima de los niveles preindustriales. Desde entonces, se han celebrado múltiples reuniones y conferencias internacionales para avanzar en la implementación de medidas concretas en los países miembros, siendo la más destacada la firma del Acuerdo de París en 2015, que establece compromisos ambiciosos de reducción de emisiones por parte de las naciones y prevé la revisión periódica de éstos para asegurar su cumplimiento.

En el ámbito nacional, la respuesta ante el cambio climático varía de un país a otro, dependiendo de sus contextos políticos, económicos y geográficos. Algunos de los esfuerzos más comunes incluyen la creación de políticas y regulaciones que incentiven la adopción de tecnologías limpias y sostenibles, la promoción de la educación ambiental y la participación de la sociedad civil en la toma de decisiones sobre el tema, así como medidas para reducir la pobreza y la vulnerabilidad de las poblaciones afectadas por los impactos del cambio climático, especialmente las más pobres y vulnerables.

Aunque se han logrado algunos avances en la respuesta al cambio climático en los últimos años, la realidad es que aún queda mucho por hacer para enfrentar adecuadamente esta problemática y proteger nuestro planeta para las generaciones futuras. En muchos casos, las medidas adoptadas resultan insuficientes frente a la magnitud del desafío, y a menudo se encuentran obstaculizadas por intereses políticos y económicos contrarios a la sostenibilidad y la justicia climática. La falta de cooperación y solidaridad entre los países y sectores involucrados en la respuesta al cambio climático dificulta la instauración de políticas y acciones coordinadas a nivel global.

hay esperanza. Muchas voces se alzan en todo el mundo exigiendo acciones más enérgicas y comprometidas contra el cambio climático, especialmente de los principales responsables del fenómeno, como las grandes empresas y los países desarrollados. En este sentido, la movilización y el activismo social se presentan como herramientas poderosas para presionar por cambios y generar conciencia sobre la importancia y la urgencia de la temática. La tecnología y la innovación ofrecen cada vez más posibilidades de reducir las emisiones y avanzar en la transición hacia un modelo de desarrollo sostenible y justo. La amenaza del cambio climático es una de las cuestiones más importantes y urgentes que enfrenta la humanidad en la actualidad. La respuesta que demos a este desafío determinará el futuro que queremos para nuestro planeta y las generaciones que vendrán. Para proteger nuestro hogar común, es necesario adoptar medidas concretas y ambiciosas para mitigar y adaptarnos a los efectos del cambio climático, y luchar por sistemas económicos y políticos justos y sostenibles. Solo así podremos garantizar un futuro habitable y justo para todos.

IV. RESPUESTAS A NIVEL MUNDIAL

En la actualidad, el cambio climático es un problema global que ha tomado la atención de las naciones del mundo. La elevación de la temperatura en la tierra es una señal que nos alerta del peligro. La rápida industrialización y la sobrepoblación han provocado un cambio en el medio ambiente, con consecuencias graves. La respuesta mundial ha sido variada, pero se han encontrado soluciones y se ha logrado avanzar en la lucha contra esta amenaza.

En la Conferencia de las Naciones Unidas sobre el Cambio Climático celebrada en París en 2015, se presentó el Acuerdo de París, en el que 196 naciones se comprometieron a tomar medidas para limitar el aumento de la temperatura global a menos de 2°C. Los países acuerdan reducir sus emisiones de carbono y monitorear su progreso cada cinco años. Este acuerdo es un paso importante en la dirección correcta.

muchas administraciones de las naciones han tomado medidas locales para enfrentar el cambio climático, como incentivar el uso de transporte público, bicicletas y vehículos eléctricos, y promover el uso de energías renovables. De hecho, el uso de fuentes de energía renovable ha aumentado en todo el mundo, como la energía solar y eólica.

Otra respuesta ha sido la creciente conciencia educativa del cambio climático. Las universidades han ampliado su oferta académica, ofreciendo carreras en energías renovables y medio ambiente, y todas las universidades y centros de estudio fomentan la discusión sobre este tema en la comunidad.

aún queda mucho por hacer. Cada individuo puede contribuir a la lucha contra el cambio climático a través de pequeños cambios en su estilo de vida diario, como usar menos plástico, comer menos carne, reducir la energía eléctrica en el hogar y trasladarse en bicicleta en lugar de vehículo motorizado.

La lucha contra el cambio climático no solo es una responsabilidad mundial, también es una responsabilidad individual. La amenaza del cambio climático es una realidad, y es necesario unir esfuerzos para proteger nuestro planeta no solo por las generaciones futuras, sino por nosotros mismos. Debemos ser conscientes de la situación actual y tomar medidas para revertir el daño causado. Si no actuamos, las consecuencias podrían ser catastróficas.

ACUERDOS INTERNACIONALES (PROTOCOLO DE KIOTO, ACUERDO DE PARÍS)

Uno de los mayores avances en el campo de la lucha contra el cambio climático han sido los acuerdos internacionales como el Protocolo de Kioto y el Acuerdo de París. El Protocolo de Kioto surgió en el año 1997 y fue un tratado internacional que tenía como objetivo reducir las emisiones de gases de efecto invernadero. Este acuerdo fue importante porque, por primera vez, se establecieron metas cuantitativas de reducción de emisiones para los países desarrollados. A través de este acuerdo, los países comprometidos tenían que reducir sus emisiones de gases de efecto invernadero en un 5,2%, en comparación con los niveles de 1990. Si bien este acuerdo en su momento fue considerado como un gran paso en la lucha contra el cambio climático, fue criticado por no incluir a los países en desarrollo en el proceso de reducción de emisiones.

Más recientemente, en el 2015, se llevó a cabo la Cumbre del Clima de París, en la que se estableció el Acuerdo de París, que es la más significativa acción conjunta global para combatir el cambio climático. Este nuevo acuerdo reafirma el objetivo de mantener el calentamiento global por debajo de los 2°C y trata de lograr un esfuerzo adicional para mantenerlo por debajo de los 1'5°C.

El Acuerdo de París ha sido ratificado por 188 países a nivel mundial, con la excepción de los Estados Unidos que anunciaron su decisión de retirarse del acuerdo el pasado año 2017.

Entre las medidas más importantes establecidas por el Acuerdo de París se encuentra la necesidad de que todos los países presenten contribuciones determinadas a nivel nacional, las denominadas Contribuciones Previstas y Determinadas a Nivel Nacional (NDC en inglés), que son los planes de cada país para reducir sus emisiones de gases de efecto invernadero y adaptarse a los efectos del cambio climático. El acuerdo incluye un fuerte compromiso financiero por parte de los países desarrollados para ayudar a los países en desarrollo a reducir sus emisiones de CO_2 y adaptarse al cambio climático.

Es importante destacar que estos acuerdos internacionales son una señal concreta de la importancia del cambio climático en la agenda global, y de la necesidad de tomar medidas inmediatas para reducir las emisiones de gases de efecto invernadero. En términos prácticos, estos acuerdos han sido importantes para establecer marcos legales y políticos a nivel internacional para impulsar reducciones significativas de emisiones y promover la transición a un desarrollo más sostenible y bajo en carbono. También es verdad que los acuerdos solo pueden conducir a resultados significativos si son implementados a nivel nacional por los países, con acciones concretas y tangibles para reducir las emisiones de gases de efecto invernadero.

En este sentido, se hace evidente la necesidad de que los gobiernos elaboren políticas públicas que permitan una transición efectiva hacia un modelo económico sostenible y bajo en emisiones de carbono. Las políticas de transición energética, el fomento de las energías renovables y la mejora de la eficiencia energética, son algunas de las medidas más relevantes en este sentido. En el mismo sentido, el aumento de la conciencia social y la movilización ciudadana en torno al cambio climático es un factor clave para la promoción de políticas públicas más ambiciosas y una sociedad más sostenible.

A nivel individual, cada uno de nosotros puede tomar acciones concretas para reducir nuestra huella de carbono. Desde adoptar medidas para reducir nuestro consumo de energía (apagando los electrodomésticos y luces cuando no están en uso), hasta el uso de medios de transporte sostenibles (bicicleta, transporte público, etc.). Reducir el uso de plásticos y otros materiales contaminantes, el consumo de carne y otros productos de origen animal, y el aumento del consumo de alimentos de origen vegetal, son acciones que pueden ayudar a reducir nuestras emisiones de gases de efecto invernadero.

Finalmente, es importante destacar la importancia de la cooperación internacional y la solidaridad en la lucha contra el cambio climático. Este problema es global y afecta a todos por igual, por lo que se requiere una respuesta conjunta y coordinada de la comunidad internacional para hacer frente a este reto. La promoción de la cooperación y la solidaridad entre países, así como el reconocimiento de la responsabilidad histórica de los países industrializados en la emisión de gases de efecto invernadero, son elementos clave para garantizar que se adopten medidas para proteger nuestro planeta y las generaciones futuras.

INVERSIÓN EN TECNOLOGÍAS LIMPIAS

La inversión en tecnologías limpias es crucial para proteger nuestro planeta de los efectos del cambio climático. Estas tecnologías incluyen la energía renovable, procesos de fabricación y transporte sostenibles, y soluciones de gestión de residuos. Muchas empresas y gobiernos han comenzado a aumentar sus inversiones en tecnologías limpias en respuesta a la creciente preocupación global por el cambio climático. Además de reducir las emisiones de gases de efecto invernadero, las tecnologías limpias también pueden mejorar la eficiencia energética, reducir los costos operativos y mejorar la reputación de las empresas. Pero para que estas inversiones tengan un impacto significativo, es importante que los gobiernos implementen políticas que incentiven el desarrollo y la adopción de tecnologías limpias y desalienten el uso de tecnologías obsoletas y contaminantes. También es importante que los consumidores se concienticen sobre la necesidad de reducir su huella de carbono y apoyen a empresas que invierten en tecnologías limpias. La inversión en tecnologías limpias es esencial para proteger nuestro planeta para las generaciones futuras y depende del compromiso y la colaboración de gobiernos, empresas y consumidores.

REDUCCIÓN DE EMISIONES DE GASES EFECTO INVERNADERO

La Reducción de emisiones de gases efecto invernadero es una de las acciones más importantes que podemos tomar para proteger nuestro planeta de los efectos del cambio climático. Los gases de efecto invernadero, como el dióxido de carbono, el metano y el óxido nitroso, atrapan el calor en la atmósfera y contribuyen al aumento de la temperatura global. Estas emisiones proceden principalmente de la quema de combustibles fósiles para la energía y el transporte, así como de la agricultura y la deforestación.

Para reducir nuestras emisiones de gases de efecto invernadero, debemos tomar una acción concertada a nivel mundial. El Acuerdo de París de 2015 fue un paso importante en esta dirección, en el que los países se comprometieron a limitar el aumento de la temperatura mundial a 1'5°C por encima de los niveles preindustriales.

Hay muchas maneras en que podemos reducir nuestras emisiones de gases de efecto invernadero. Una de las más importantes es cambiar la forma en que producimos y consumimos energía. La energía renovable, como la solar y la eólica, es una alternativa limpia y sostenible a los combustibles fósiles. Al invertir en energías renovables y tecnologías de eficiencia energética, podemos reducir nuestra dependencia de los combustibles fósiles y reducir nuestras emisiones de gases de efecto invernadero.

Otra forma de reducir las emisiones de gases de efecto invernadero es a través de la eficiencia energética. Al mejorar la eficiencia de nuestros hogares, negocios e industrias, podemos reducir la cantidad de energía que consumimos y, por lo tanto, la cantidad de gases de efecto invernadero que emitimos. Esto puede hacerse a través de la adopción de tecnologías más eficientes, como la iluminación LED, los electrodomésticos de bajo consumo y los edificios verdes.

La agricultura y la deforestación también contribuyen a las emisiones de gases de efecto invernadero y deben ser abordadas para lograr una reducción efectiva. Los agricultores pueden adoptar prácticas agrícolas más sostenibles, como la reducción del uso de pesticidas y el cultivo de una variedad de cultivos para mantener la biodiversidad del suelo. La deforestación también puede ser abordada mediante la protección de los bosques existentes y la promoción de la reforestación.

Además de reducir nuestras emisiones de gases de efecto invernadero, también debemos adaptarnos a las consecuencias inevitables del cambio climático. Esto puede incluir medidas como la construcción de infraestructuras resistentes al clima y la planificación de la gestión del agua en función de los patrones climáticos cambiantes. La adaptación también implica la promoción de sistemas de alerta temprana para los fenómenos meteorológicos extremos, como los huracanes y las sequías.

La reducción de emisiones de gases de efecto invernadero es esencial para proteger nuestro planeta de los peligros del cambio climático. Para lograr esta reducción, se necesitará una acción concertada a nivel mundial, impulsada por la inversión en energías renovables, la mejora de la eficiencia energética y la adopción de prácticas agrícolas sostenibles. También debemos adaptarnos a las inevitables consecuencias del cambio climático mediante la construcción de infraestructuras resistentes al clima y la planificación inteligente de la gestión del agua. Si tomamos estas medidas, podemos proteger nuestro planeta para las generaciones futuras y construir un futuro más sostenible y resiliente.

En la actualidad, el cambio climático se ha convertido en una de las principales amenazas para la humanidad y el planeta en el que vivimos. Este fenómeno ha sido causado principalmente por la actividad humana, como la emisión de gases de efecto invernadero, la deforestación y el uso excesivo de combustibles fósiles. El cambio climático se ha acelerado en las últimas décadas, lo que ha llevado a un aumento en la temperatura global, el derretimiento de los glaciares, la acidificación de los océanos y la intensificación de fenómenos meteorológicos extremos, como huracanes, sequías e inundaciones. La respuesta a esta amenaza ha sido variada y, en algunos casos, insuficiente. Cada vez más personas, organizaciones y gobiernos están tomando medidas para proteger nuestro planeta para las generaciones futuras. Una de las principales acciones que se pueden tomar para proteger el planeta es la reducción de las emisiones de gases de efecto invernadero. Para lograr esto, es necesario abordar la principal fuente de emisiones: la quema de combustibles fósiles para producir energía. En este sentido, la transición hacia fuentes de energía renovable, como la energía solar y eólica, es fundamental. Es necesario aumentar la eficiencia energética, lo que significa usar menos energía para lograr el mismo resultado. Esto puede lograrse mediante la utilización de tecnologías más eficientes, la reducción del desperdicio de energía y la promoción de prácticas más sostenibles.

Otra acción importante es la conservación de los ecosistemas y la biodiversidad. Los bosques, los océanos y otros ecosistemas naturales son esenciales para la regulación del clima y la mitigación del cambio climático. La biodiversidad es fundamental para la supervivencia de muchas especies, incluyendo a los seres humanos. Es necesario proteger y restaurar los ecosistemas naturales, lo que puede lograrse mediante la creación de áreas protegidas, la promoción de prácticas agrícolas más sostenibles y la reducción de la deforestación y la degradación del suelo.

La adaptación al cambio climático también es esencial para proteger nuestro planeta. Debido a que el cambio climático ya está ocurriendo, es necesario adaptarnos a las condiciones en constante cambio para reducir nuestra vulnerabilidad. Esto puede incluir la implementación de infraestructura resiliente que pueda soportar eventos climáticos extremos, el desarrollo de sistemas de alerta temprana para desastres naturales y la creación de planes de contingencia para abordar los impactos del cambio climático en diferentes sectores, como la agricultura y la salud.

Además de estas acciones, es necesario un cambio en nuestra forma de vida y de pensamiento. Esto incluye la toma de decisiones más conscientes y sostenibles en nuestras prácticas cotidianas, como el uso de transporte público y bicicletas en lugar de automóviles, la compra de productos de origen local y sostenibles y la reducción del consumo de carne y lácteos. También implica una mayor conciencia acerca de los impactos del cambio climático en todo el mundo y la necesidad de trabajar juntos para abordar esta crisis global.

el cambio climático es una amenaza crítica para la humanidad y el planeta en el que vivimos. Con acciones adecuadas y soluciones sostenibles, es posible proteger nuestro planeta para las generaciones futuras. La reducción de las emisiones de gases de efecto invernadero, la conservación de los ecosistemas y la biodiversidad, la adaptación al cambio climático y un cambio en nuestra forma de vida son soluciones importantes que pueden ayudar a abordar esta crisis global.

V. RESPUESTAS A NIVEL NACIONAL

A nivel nacional, hay diferentes respuestas al cambio climático. En algunos países, como Noruega, se han establecido metas ambiciosas para reducir las emisiones de gases de efecto invernadero. En el año 2016, Noruega se comprometió a ser un país neutral en emisiones de carbono para el año 2030.

Otros países como China y la India, que tienen grandes poblaciones y economías emergentes, también están tomando medidas para reducir las emisiones de gases de efecto invernadero. China, por ejemplo, ha invertido en energía renovable y ha establecido objetivos anuales de reducción de emisiones. En la India, se están llevando a cabo programas para incentivar la agricultura sostenible y la energía limpia. En los Estados Unidos, la respuesta al cambio climático ha sido más variable, con el liderazgo de los estados y las ciudades en lugar de una respuesta federal colectiva. En algunos estados, como California, se han establecido metas ambiciosas de energía renovable y reducción de emisiones de gases de efecto invernadero. La administración federal actual ha retirado a los Estados Unidos del acuerdo climático de París y ha desmantelado muchas de las políticas ambientales existentes. A pesar de los desafíos, la respuesta a nivel nacional sigue siendo importante para abordar el cambio climático y proteger nuestro planeta para las generaciones futuras. Las naciones deben colaborar para establecer objetivos y políticas claras, invertir en tecnologías limpias y reducir la dependencia de los combustibles fósiles. También es importante que los individuos y las comunidades se comprometan a reducir su huella de carbono a través de prácticas sostenibles como el transporte limpio, la eficiencia energética y la reducción del desperdicio. Al trabajar juntos, podemos enfrentar los desafíos del cambio climático y asegurar un futuro sostenible para la humanidad y el medio ambiente.

POLÍTICAS Y PROGRAMAS GUBERNAMENTALES

El cambio climático es una de las mayores amenazas que enfrenta la humanidad, y requiere una respuesta colectiva y urgente. Afortunadamente, las políticas y programas gubernamentales están comenzando a abordar esta crisis climática en todo el mundo. Los gobiernos están tomando medidas para reducir las emisiones de gases de efecto invernadero, y están invirtiendo en tecnologías limpias y renovables, como la energía solar y eólica. Los programas gubernamentales también están fomentando la adopción de prácticas sostenibles en el hogar y en los negocios, como la reducción del consumo de energía y la implementación de prácticas de reciclaje.

En Europa, la Unión Europea está liderando el camino para enfrentar el cambio climático. En 2018, la UE estableció el objetivo de reducir las emisiones de gases de efecto invernadero en al menos un 40% para el año 2030. La UE también está invirtiendo en tecnología de energía renovable y en la mejora de la eficiencia energética de los edificios mediante el uso de materiales de construcción más sostenibles. La UE fomenta la adopción de prácticas sostenibles en el sector transporte, incentivando la compra de vehículos híbridos o eléctricos y la implementación de sistemas de transporte público no contaminantes.

En América del Norte, los Estados Unidos han lanzado una serie de iniciativas para abordar el cambio climático. En 2015, Barack Obama anunció el Plan de Energía Limpia, que estableció límites de emisiones de los principales contaminantes de las centrales eléctricas. En 2017, la administración Trump anunció la retirada del país del Acuerdo de París, el cual establece objetivos globales para reducir los efectos del cambio climático. Si bien esta decisión ha sido severamente criticada, muchos estados y ciudades de los Estados Unidos han continuado tomando medidas para reducir las emisiones de gases de efecto invernadero en sus regiones.

En Asia, Indonesia ha establecido una estrategia nacional de reducción de emisiones de gases de efecto invernadero. La estrategia se centra en la promoción de energías renovables, como la energía solar, eólica e hidráulica, así como la promoción de prácticas sostenibles en el sector agrícola y la gestión adecuada de los desechos. Indonesia ha lanzado un programa de reforestación para restaurar la biodiversidad y eliminar las emisiones de gases de efecto invernadero.

En África, el Banco Africano de Desarrollo ha lanzado el Programa de Energía Sostenible para África. El programa tiene como objetivo proporcionar energía renovable a 250 millones de africanos para el 2025 y ha recibido la inversión de varios países en todo el mundo. La mayoría de los países africanos han adoptado medidas nacionales para combatir el cambio climático, incluida la promoción de la energía renovable y el fomento de prácticas de gestión ambiental sostenibles.

Es esencial que los gobiernos continúen tomando medidas para combatir el cambio climático. Esto incluye la implementación de políticas y programas que reduzcan las emisiones de gases de efecto invernadero, el fomento de la adopción de prácticas sostenibles y la inversión en tecnologías limpias y renovables.

También es importante que se eduque al público sobre el cambio climático y la importancia de la acción colectiva para abordar este problema global.

Para proteger nuestro planeta para las generaciones futuras, debemos tomar medidas ahora. Solo a través de una acción colectiva y de políticas gubernamentales efectivas, podremos abordar la crisis climática y construir un futuro más sostenible para todos.

INICIATIVAS PRIVADAS Y COMUNITARIAS

Uno de los enfoques más destacados para lidiar con la creciente amenaza del cambio climático es la implementación de iniciativas privadas y comunitarias que buscan promover prácticas ambientales sostenibles. Dicha iniciativa se centra en la idea de que se pueden lograr mejores resultados a través de la cooperación y colaboración entre las empresas, el gobierno y la comunidad. En los últimos años, ha habido un aumento significativo en la cantidad de compañías que han establecido objetivos de reducción de emisiones de gases de efecto invernadero, además de implementar medidas para promover la adopción de prácticas ambientalmente responsables en sus operaciones y productos. Por ejemplo, muchas empresas han implementado iniciativas para reducir su huella de carbono, como la sustitución de combustibles fósiles por fuentes de energía renovable, la optimización del uso de agua y la reducción de residuos mediante técnicas de reciclaje y reutilización. Los consumidores y las comunidades locales también han comenzado a presionar a las compañías para que sean más sostenibles, mediante solicitudes de información sobre sus prácticas ambientales.

Las iniciativas comunitarias también han desempeñado un papel crítico en la promoción de prácticas ambientales sostenibles. Las comunidades se han movilizado para establecer prácticas sostenibles, tales como jardines comunitarios, la introducción de servicios de transporte compartido y la promoción del turismo ecológico. Las comunidades también han impulsado medidas para reducir el consumo de energía, tales como la promoción de sistemas de construcción y de calefacción amigables con el medio ambiente. Asimismo, la educación ambiental ha sido un foco clave de la cooperación comunitaria, y se han llevado a cabo iniciativas para informar a los ciudadanos sobre el impacto de sus acciones en el medio ambiente, así como para brindarles herramientas para reducir su huella de carbono.

Las iniciativas privadas y comunitarias son una herramienta crítica para hacer frente al cambio climático, y nos ofrecen un camino hacia la sostenibilidad ambiental. Las empresas y comunidades que adoptan prácticas sostenibles pueden establecer un ejemplo para otros actores de la economía y, en última instancia, tener un impacto significativo en la lucha contra el cambio climático. Estas iniciativas son también una oportunidad para que los ciudadanos individuales empiecen a tomar medidas en pro de la sostenibilidad ambiental, y a construir un futuro verde y saludable para las generaciones venideras.

IMPACTO EN LA ECONOMÍA Y EN LA SOCIEDAD

El cambio climático tiene un impacto significativo en la economía y en la sociedad. Los efectos del aumento de la temperatura, la intensificación de las sequías y las inundaciones, y el aumento del nivel del mar, pueden tener consecuencias graves en los recursos naturales, la seguridad alimentaria y la salud pública. A nivel económico, el cambio climático puede resultar en pérdidas económicas significativas y un costo social elevado. Las empresas pueden enfrentar mayores costos de producción, disminución de la demanda de productos y servicios y riesgos financieros a largo plazo. Por otro lado, la sociedad puede verse afectada por la disminución de los recursos naturales, la cancelación de las actividades turísticas, el aumento de la pobreza y la migración y el aumento de la tensión social. Para proteger nuestro planeta para las generaciones futuras, se deben tomar medidas urgentes. Los gobiernos y la sociedad civil tienen un papel crucial que desempeñar en la mitigación y la adaptación al cambio climático. Se deben establecer políticas y estándares más estrictos para reducir las emisiones de gases de efecto invernadero y fomentar la inversión en tecnologías limpias y renovables. Se pueden introducir medidas de eficiencia energética y sostenibilidad en los hogares y las empresas. La educación y la conciencia pública también son importantes para fomentar una cultura en la que la sostenibilidad y la reducción del impacto ambiental son una prioridad. Al promover la inversión, la reducción de emisiones y la sostenibilidad a nivel global, podemos proteger nuestro planeta y preservarlo para las generaciones futuras. La amenaza del cambio climático es una de las peores crisis globales que experimenta la humanidad. Desde los cambios extremos en la temperatura, hasta la elevación del nivel del mar y la acidificación de los océanos, son muchos los efectos que el cambio climático está causando en el planeta. Ante esta amenaza, es necesario que seamos conscientes de la gravedad de la situación y tomemos medidas para proteger nuestro planeta para las generaciones futuras.

En respuesta al cambio climático, la humanidad ha emprendido diversas iniciativas para reducir las emisiones de gases de efecto invernadero y proteger el medio ambiente. Una de las medidas más importantes ha sido la ratificación del Acuerdo de París de 2015, mediante el cual se comprometen los países a trabajar juntos para limitar el aumento de la temperatura global a menos de 2°C por encima de los niveles preindustriales. Los países que se adhieren al acuerdo se comprometen a establecer objetivos ambiciosos de reducción de emisiones de gases de efecto invernadero y a informar periódicamente sobre su progreso en la reducción de emisiones.

numerosos países han implementado políticas nacionales para reducir las emisiones de gases de efecto invernadero. Por ejemplo, muchos países han adoptado medidas para aumentar la eficiencia energética, promover fuentes de energía renovable como la energía eólica y solar, y mejorar el transporte público. También se están llevando a cabo esfuerzos para reducir la deforestación y restaurar los bosques.

A nivel empresarial, varias empresas han adoptado políticas de sostenibilidad y han implementado medidas para reducir su huella de carbono. Algunas empresas están utilizando tecnologías más eficientes, mientras que otras están eliminando los residuos peligrosos de sus procesos de producción. También se están llevando a cabo esfuerzos para mejorar la eficiencia del transporte de mercancías, lo que puede reducir significativamente las emisiones de gases de efecto invernadero.

En el ámbito individual, también hay muchas acciones que se pueden tomar para proteger nuestro planeta. Por ejemplo, reducir el consumo de carne y promover una dieta más saludable y equilibrada puede ayudar a reducir las emisiones de gases de efecto invernadero. También se pueden tomar medidas para reducir el desperdicio de alimentos, reducir el uso de plásticos y reducir el consumo de energía.

Otra forma en la que los individuos pueden hacer una contribución significativa es mediante el uso del transporte público, el carpooling, la bicicleta o caminar. Reducir el consumo de energía en el hogar mediante la instalación de electrodomésticos eficientes y el uso de iluminación LED también puede ayudar a reducir la huella de carbono.

Aún queda un largo camino por recorrer para proteger nuestro planeta contra las amenazas del cambio climático. Una de las principales barreras para lograr un futuro más sostenible es el costo económico que suele estar asociado a la implementación de políticas de reducción de emisiones de gases de efecto invernadero. Aunque a largo plazo el costo de no actuar es claramente mucho mayor, existen intereses económicos y políticos que hacen difícil abordar la crisis climática de manera efectiva.

Otro desafío que enfrentamos es el respeto a la lógica del mercado y el consumismo como un valor absoluto por un número cada vez mayor de personas. Al hacerlo, no sólo se destruyen ecosistemas, sino que aumentan los desechos que generamos. Se trata de un escenario preocupante para un planeta con recursos limitados.

La crisis del cambio climático representa uno de los mayores desafíos que ha enfrentado la humanidad. Si bien ya se están tomando medidas para abordar el problema, aún queda mucho por hacer. Es necesario tomar una serie de medidas a nivel internacional, empresarial, gubernamental y personal para proteger nuestro planeta de las consecuencias del cambio climático y garantizar la sostenibilidad a largo plazo. El tiempo apremia y cada día que pasa es un día menos tocando la valiosísima oportunidad de cuidar de nuestra casa, de nuestra herencia, y de las generaciones futuras.

VI. PAPEL DE LA EDUCACIÓN Y CONCIENCIA CIUDADANA

Una de las claves para proteger nuestro planeta y garantizar su sostenibilidad a largo plazo radica en la educación y la conciencia ciudadana. Desde una edad temprana, es fundamental educar a las personas sobre la importancia de proteger el medio ambiente y los efectos perjudiciales de las acciones humanas en el clima y la biodiversidad. Las escuelas y universidades juegan un papel crucial en la formación de ciudadanos responsables y conscientes de su impacto en el planeta. La educación ambiental debe estar presente en todos los niveles educativos, desde la primaria hasta la educación superior, no solo como una materia específica, sino también como parte de la filosofía y los valores que se transmiten en el aula.

Los gobiernos y las organizaciones no gubernamentales deben colaborar en la creación de programas educativos que fomenten la conciencia ambiental y promuevan prácticas sostenibles. Estos programas deben ir más allá de la conciencia ciudadana y enfatizar en la responsabilidad individual y colectiva, especialmente en la reducción de residuos, la gestión adecuada de recursos y el desarrollo de prácticas ecoamigables. La educación también debe incluir el fomento de la innovación y la creatividad en la creación de soluciones sostenibles. Una de las formas más efectivas de implicar a la sociedad en la lucha contra el cambio climático es sensibilizar a la población a través de campañas educativas y de concienciación ambiental, adaptadas a diferentes sectores de la sociedad.

Los ciudadanos también pueden contribuir a la reducción del impacto ambiental utilizando las tecnologías disponibles, como fuentes de energía renovables, autos eléctricos y la compra de productos con el menor impacto ambiental posible. Las pequeñas acciones que cada persona realiza en su día a día pueden sumar un gran impacto en la lucha contra el cambio climático. Es esencial que se fomente la educación de la ciudadanía de modo que estén informados sobre su papel en el planeta y se sientan empoderados para tomar decisiones conscientes que favorezcan la protección del medio ambiente.

El cambio climático es una amenaza que exige una respuesta coordinada a nivel global. Es necesario que la población mundial entienda la gravedad de la situación y se sienta motivada para participar en la búsqueda de soluciones sostenibles en distintos campos. La educación y la conciencia ciudadana son fundamentales para la construcción de una cultura sostenible que permita proteger nuestro planeta para las generaciones futuras. Es importante que se realicen acciones colectivas y se fomente el compromiso social, el uso de tecnologías limpias y la gestión adecuada de los recursos naturales. Solo así podremos lograr un futuro sostenible en el que puedan coexistir el desarrollo humano y la conservación del medio ambiente.

EDUCACIÓN AMBIENTAL

La educación ambiental se ha vuelto cada vez más importante en la lucha contra el cambio climático. La educación ambiental es la enseñanza de la comprensión de las acciones humanas y sus impactos ambientales y cómo podemos tomar medidas para mitigar estos impactos y preservar el medio ambiente y la biodiversidad. La educación ambiental también fomenta la participación ciudadana activa en la toma de decisiones ambientales y alienta a las personas a asumir la responsabilidad individual y colectiva de proteger el medio ambiente.

En los últimos años, ha habido un fuerte énfasis en incluir la educación ambiental en todas las etapas educativas, desde la educación infantil hasta la universitaria. Los programas de educación ambiental se han desarrollado en una amplia gama de temas, desde el cambio climático y la energía renovable hasta la conservación del suelo y la gestión de residuos. La educación ambiental no solo se centra en la teoría, sino que también hace hincapié en la importancia de la experiencia práctica y el aprendizaje en la naturaleza. Esto ayuda a las personas a comprender mejor su relación con el medio ambiente y a fomentar la conexión con su entorno natural.

Las acciones que se pueden tomar para proteger nuestro planeta para las generaciones futuras son diversas y variadas. En primer lugar, tenemos que reducir nuestra huella de carbono. Esto implica una reducción en el consumo de energía y la adopción de prácticas más sostenibles, como el uso de energía renovable. Las empresas y los gobiernos también deben ser más conscientes de su impacto ambiental y tomar medidas para reducir su huella de carbono. Las políticas públicas y los impuestos pueden ser implementados para fomentar la reducción de emisiones de gases de efecto invernadero y el uso de prácticas más sostenibles.

Otra acción importante es el fomento de la conservación de la biodiversidad. La pérdida de biodiversidad es una de las mayores amenazas ambientales a largo plazo, y se estima que se pierden especies a un ritmo de 1000 veces la tasa natural debido a la influencia humana. La educación ambiental puede ayudar a las personas a comprender la importancia de la biodiversidad y la necesidad de preservarla. Esto puede incluir la protección de hábitats naturales y la promoción de la agricultura sostenible.

La gestión adecuada de los residuos también tiene un papel importante en la mitigación del cambio climático y la protección del medio ambiente. La educación ambiental puede aumentar la conciencia sobre la importancia de la reducción, la reutilización y el reciclaje de residuos y la eliminación adecuada de materiales peligrosos. Los gobiernos y las empresas también pueden proporcionar más opciones para la eliminación sostenible de residuos.

La educación ambiental también puede fomentar el cambio en las prácticas comerciales y la inversión en tecnologías más sostenibles. Las empresas pueden ser motivadas para cambiar a prácticas sostenibles a través de incentivos y políticas públicas. Los consumidores también pueden desempeñar un papel importante en la promoción de prácticas más sostenibles a través de sus decisiones de compra. La educación ambiental puede aumentar la conciencia sobre la importancia de estas decisiones y ayudar a las personas a hacer elecciones más sostenibles.

Es importante mencionar la importancia de la cooperación internacional en la lucha contra el cambio climático y la protección del medio ambiente en general. La educación ambiental puede fomentar la cultura de cooperación y el respeto por las necesidades de todos los grupos involucrados en los desafíos ambientales. Esto puede incluir el intercambio de conocimientos, la colaboración en proyectos ambientales y el establecimiento de políticas internacionales que promuevan prácticas más sostenibles.

La educación ambiental es un componente esencial en la lucha contra el cambio climático y la protección del medio ambiente. La educación ambiental puede ayudar a las personas a comprender mejor su impacto ambiental y a tomar medidas para mitigar estos efectos y promover prácticas más sostenibles. Las acciones que se pueden tomar para proteger nuestro planeta para las generaciones futuras son diversas y variadas, incluyendo la reducción de la huella de carbono, la conservación de la biodiversidad, la gestión adecuada de residuos y el fomento del cambio en las prácticas comerciales e inversiones en tecnologías más sostenibles. El trabajo en equipo y la cooperación internacional también son esenciales en la lucha contra el cambio climático y la protección del medio ambiente.

PROMOCIÓN DE PRÁCTICAS SOSTENIBLES

En la actualidad, es esencial promover prácticas sostenibles que ayuden a mitigar el cambio climático y proteger nuestro planeta para las generaciones futuras. Entre estas prácticas destacan el reciclaje de materiales, el uso de energías renovables, el fomento de la movilidad sostenible y la disminución del consumo de agua y energía. Es importante concienciar a la sociedad sobre la importancia de cuidar el medio ambiente y adoptar hábitos responsables, como reducir el uso de plásticos de un solo uso y combatir el desperdicio de alimentos.

Es fundamental tener en cuenta el papel que juegan los gobiernos y las empresas en la promoción de prácticas sostenibles. Los gobiernos pueden implementar políticas que fomenten la transición hacia una economía más sostenible y responsabilicen a las empresas en cuanto a la reducción de su huella de carbono y la adopción de prácticas más responsables. Asimismo, las empresas pueden liderar el camino hacia la sostenibilidad mediante la adopción de prácticas responsables en sus procesos productivos y la difusión de valores de responsabilidad social y medioambiental.

Algunas de las acciones que se pueden llevar a cabo para promover prácticas sostenibles son la educación, la toma de conciencia y la difusión de información sobre las consecuencias del cambio climático y cómo se puede mitigar sus efectos. Otra acción es el desarrollo de tecnologías más limpias y eficientes, así como la adopción de mecanismos de cooperación internacional para abordar el cambio climático de manera coordinada y eficaz. La protección del planeta es una responsabilidad de todos. A través de la promoción de prácticas sostenibles y el fomento de acciones responsables en todos los ámbitos, podemos contribuir a mitigar los efectos del cambio climático y proteger nuestro planeta para las generaciones futuras. Es necesario trabajar juntos para crear un mundo más sostenible y resiliente, en el que cada uno de nosotros desempeñe un papel activo en la protección de nuestro hogar común.

PARTICIPACIÓN CIUDADANA EN LA TOMA DE DECISIONES

En la actualidad, es necesario destacar la importancia de la participación ciudadana en la toma de decisiones, especialmente en lo que se refiere a la amenaza del cambio climático y cómo estamos respondiendo a este problema tan importante. La sociedad en general debe ser consciente de la magnitud de este fenómeno y del impacto que está teniendo sobre nuestro planeta. La ciudadanía tiene que asumir un papel activo en la lucha contra el cambio climático. Desde el ámbito de la sociedad civil, es fundamental impulsar acciones para concienciar y sensibilizar a la población en general sobre los efectos del cambio climático y la necesidad de actuar de manera inmediata. La educación y formación en valores y actitudes relacionados con el cuidado del medio ambiente son una herramienta clave para fomentar la participación ciudadana y crear conciencia sobre la necesidad de un cambio de comportamiento. Para ello, se necesitan políticas públicas y programas educativos efectivos que promuevan la educación ambiental y la sensibilización sobre temas de sostenibilidad y cambio climático. Es esencial que la ciudadanía tenga acceso a información actualizada y relevante sobre el cambio climático, especialmente sobre los avances y esfuerzos internacionales para combatir este fenómeno.

Por otro lado, resulta crucial fomentar la participación ciudadana en la elaboración de políticas públicas y planes de acción relacionados con el cambio climático. La toma de decisiones en este ámbito debe ser participativa, transparente y basada en la ciencia. La ciudadanía debe tener voz y voto en los procesos de toma de decisiones y contar con canales de participación adecuados para expresar sus opiniones.

La implicación de la ciudadanía en la elaboración de políticas ambientales no solo mejora la calidad y aceptación de las medidas adoptadas, sino que también contribuye a fortalecer la democracia y la participación ciudadana en general.

La ciudadanía puede contribuir de manera importante a la reducción de las emisiones de gases de efecto invernadero que están provocando el cambio climático. Existen muchas acciones cotidianas que podemos llevar a cabo para reducir nuestra huella de carbono, como por ejemplo reducir el uso de plásticos, fomentar el transporte sostenible, consumir alimentos locales y de temporada, y ahorrar energía en nuestros hogares y lugares de trabajo. Es fundamental que estas prácticas sean apoyadas y promovidas por políticas públicas globales, nacionales y locales, que fomenten la producción y consumo sostenibles y la reducción de emisiones en sectores clave como el transporte, la energía, la industria y la agricultura.

La participación ciudadana resulta esencial para afrontar el reto del cambio climático y proteger nuestro planeta para las generaciones futuras. La ciudadanía tiene un papel activo a jugar en la lucha contra el cambio climático, desde la concienciación y la sensibilización hasta la elaboración y desarrollo de políticas públicas. Es fundamental fomentar una participación ciudadana más activa y efectiva, basada en la transparencia, la ciencia y la democracia, para lograr una transformación social y económica que permita un futuro sostenible y resiliente para todos. La emergencia climática requiere de acción colectiva y colaborativa, y solo a través de la movilización global podremos hacer frente a los retos que se nos presentan y garantizar un futuro justo y próspero para las generaciones presentes y futuras. El cambio climático es una amenaza global que está siendo ampliamente investigada y analizada por expertos de todo el mundo. Se ha demostrado que, a lo largo de las últimas décadas, la temperatura del planeta ha aumentado significativamente debido a las emisiones de gases de efecto invernadero producidas por la actividad humana. Para hacer frente a esta situación, se están llevando a cabo una serie de acciones destinadas a limitar las emisiones contaminantes y minimizar los efectos del cambio climático.

Una de las principales iniciativas que se están llevando a cabo es la transición hacia una economía más sostenible y respetuosa con el medio ambiente. Esto implica la implementación de políticas y medidas que fomenten el uso de energías limpias como la solar y la eólica, la promoción de la movilidad sostenible mediante la utilización de medios de transporte menos contaminantes, y la mejora de la eficiencia energética en todos los ámbitos de la sociedad. Se está trabajando en la investigación de nuevas tecnologías que permitan reducir las emisiones y mejorar la gestión de los recursos naturales.

Otra acción fundamental para proteger nuestro planeta es la promoción de la educación y la concienciación sobre la importancia de la sostenibilidad ambiental y los efectos del cambio climático. Es necesario que se fomente la sensibilización y la educación ambiental en todos los ámbitos de la sociedad, para que los ciudadanos estén informados sobre las consecuencias de sus acciones y puedan tomar decisiones más conscientes y responsables respecto al medio ambiente.

Se están llevando a cabo distintas iniciativas para proteger los ecosistemas naturales y reducir la emisión de gases contaminantes. Por ejemplo, se están promoviendo programas de reforestación y restauración de ecosistemas, así como prácticas agrícolas más sostenibles y respetuosas con el medio ambiente.

Por otro lado, se ha llevado a cabo una serie de acuerdos globales y tratados internacionales como el Acuerdo de París que buscan limitar el aumento de la temperatura global por debajo de los 2°C y hacer esfuerzos para limitarlo por debajo de 1'5°C durante el siglo XXI. Asimismo, se han establecido objetivos para reducir las emisiones de gases de efecto invernadero y combatir sus efectos negativos. Proteger nuestro planeta para las generaciones futuras requiere importantes cambios y retos a nivel individual, institucional y global. Es fundamental fomentar una economía más sostenible, promover la educación y concienciación sobre el medio ambiente, proteger los ecosistemas naturales, y establecer políticas internacionales como el Acuerdo de París que buscan limitar las emisiones contaminantes y mitigar los efectos del cambio climático. Tomar acciones como individuos, comunidades y países es clave para poder lograr un futuro más sostenible para todos en el planeta Esta crisis global exige de nosotros a todos trabajar en conjunto para mitigar los problemas ambientales para las presentes y futuras generaciones disfruten del planeta y lo respeten, así como asegurar el cuidado del planeta para las especies que viven en él.

VII. LOS DESAFÍOS PARA COMBATIR EL CAMBIO CLIMÁTICO

A pesar de que hay una creciente sensibilización sobre el cambio climático y se están tomando medidas para reducir su impacto, siguen existiendo múltiples obstáculos y desafíos en la lucha contra este fenómeno global. Uno de los mayores desafíos es la falta de compromiso político y la falta de voluntad de algunos líderes mundiales para implementar políticas y estrategias eficaces para reducir las emisiones de gases de efecto invernadero. La falta de recursos y tecnologías adecuadas para hacer frente al cambio climático también representa un gran desafío para muchos países en desarrollo que no cuentan con los medios financieros y tecnológicos necesarios para reducir sus emisiones y adaptarse a los efectos del cambio climático.

Otro desafío importante es la falta de cooperación internacional y la falta de acción a nivel global para abordar el cambio climático. A menudo, los países no cooperan entre sí para abordar este problema, lo que puede dificultar mucho la implementación de políticas a nivel internacional. Es fundamental que los países trabajen juntos para desarrollar soluciones globales y coordinadas para reducir las emisiones y mitigar los efectos del cambio climático. El cambio climático también presenta muchos desafíos para los individuos y las comunidades a nivel local. Con el aumento de las temperaturas globales y los cambios en el clima, muchas comunidades enfrentan una mayor frecuencia e intensidad de desastres naturales como tormentas, sequías e inundaciones. Estos desastres pueden tener un impacto devastador en las comunidades y el medio ambiente, afectando la seguridad alimentaria, la salud, la economía y la infraestructura. Para abordar estos desafíos, se deben tomar medidas urgentes para reducir las emisiones de gases de efecto invernadero y mitigar los efectos del cambio climático. Algunas de estas medidas incluyen la inversión en energías renovables y tecnologías limpias, la mejora de la eficiencia energética y la adopción de políticas y estrategias climáticas integrales. También es importante trabajar en la sensibilización y educación para aumentar la conciencia sobre el cambio climático y su impacto en nuestras vidas y en el mundo que nos rodea.

En el ámbito político, es esencial que los líderes mundiales se comprometan a abordar el cambio climático y desarrollen políticas a nivel nacional e internacional para reducir las emisiones de gases de efecto invernadero. Esto requerirá una colaboración más estrecha entre los países y un mayor énfasis en la acción coordinada e integrada.

A nivel local, las comunidades pueden tomar medidas para adaptarse a los efectos del cambio climático y reducir su huella de carbono. Esto puede incluir la adopción de hábitos más sostenibles, como reducir el consumo de energía y agua, reducir el uso de plásticos y otros materiales contaminantes, y fomentar el uso de transporte sostenible, como andar en bicicleta o caminar. Las empresas también pueden desempeñar un papel clave en la lucha contra el cambio climático al comprometerse a reducir sus emisiones y adoptar prácticas sostenibles. Esto puede incluir una mayor inversión en tecnologías limpias y la reducción del uso de energías fósiles en la producción y el transporte. Las empresas pueden trabajar con las comunidades locales para desarrollar soluciones integradas y sostenibles que aborden los desafíos del cambio climático y mejoren la calidad de vida de las personas. La lucha contra el cambio climático requiere un enfoque coordinado, colaborativo e integrado de todos los sectores de la sociedad. Es importante que trabajemos juntos para abordar este problema con urgencia y proteger nuestro planeta para las generaciones futuras. Al tomar medidas audaces y efectivas ahora, podemos garantizar un futuro sostenible y resiliente para todos.

FALTA DE COMPROMISO POLÍTICO

La falta de compromiso político es un factor importante que afecta nuestra capacidad de abordar eficazmente la amenaza del cambio climático. A pesar de la existencia de evidencia científica clara y numerosas advertencias sobre los peligros potenciales asociados con el cambio climático, los líderes políticos han sido lentos en implementar medidas efectivas para reducir las emisiones de gases de efecto invernadero y mitigar los impactos del cambio climático. En algunos casos, incluso se ha negado la consecuencia del cambio climático, lo que ha resultado en una falta de acción significativa en respuesta a los desafíos que plantea.

La falta de compromiso político a menudo se debe a motivos económicos y la presión de los grupos de interés. Algunos líderes políticos parecen estar más preocupados por los efectos negativos que pueden tener las políticas climáticas en las ganancias de las empresas y en el empleo que en la protección del medio ambiente.

Como resultado, la falta de acción política concreta ha dejado a los ciudadanos y grupos de la sociedad civil como principales actores en la lucha contra el cambio climático. Muchas organizaciones no gubernamentales han trabajado arduamente para promover soluciones sostenibles en diversos ámbitos, incluyendo más allá de la transición a fuentes de energía renovable y reduciendo el consumo de carne, entre otros. Los verdaderos cambios requeridos para lograr una respuesta efectiva al cambio climático solo pueden ocurrir con un liderazgo político fuerte. Una de las acciones más importantes que se pueden tomar para proteger nuestro planeta para las generaciones futuras es la implementación de políticas que fomenten la reducción de las emisiones de gases de efecto invernadero. Esto puede lograrse a través de una variedad de mecanismos, desde la promoción de tecnologías de energía renovable hasta la imposición de impuestos o tarifas sobre las emisiones de gases de efecto invernadero. La aplicación de estándares más estrictos a las empresas y la creación de incentivos para fomentar la adopción de prácticas ecológicas también es importante. Por ejemplo, los gobiernos pueden ofrecer subvenciones e incentivos fiscales a las empresas que inviertan en tecnologías ecológicas y adopten prácticas más sostenibles.

Por otro lado, una educación ambiental más completa y efectiva también puede ayudar a involucrar a la sociedad en la lucha contra el cambio climático. En la actualidad, muchas personas no tienen una comprensión completa de los impactos del cambio climático y las acciones que pueden tomar para ayudar a combatirlo.

La adopción de un estilo de vida más sostenible como individuos también es crítica. El consumo excesivo y la dependencia de los combustibles fósiles son causas importantes del cambio climático y pueden ser reducidos a través de elecciones más conscientes y un enfoque general en la reducción de la huella de carbono. Esto puede incluir un énfasis en el transporte más sustentable, una dieta más vegetal, y una mayor utilización de la tecnología de eficiencia energética.

para que estas medidas sean efectivas es necesario un

compromiso político por parte de los líderes nacionales e internacionales. Los gobiernos deben tomar medidas concretas para abordar la amenaza del cambio climático, y trabajar juntos para lograr una solución efectiva. Esto requiere una comprensión profunda de la importancia del cambio climático y la voluntad política para implementar medidas necesarias para frenarlo.

Finalmente, la protección del futuro de nuestro planeta es algo que debe ser tomado en serio por todas las personas del mundo. El cambio climático es un problema global que afecta a todos y, como tal, requiere una solución global. Cada uno de nosotros tiene un papel que jugar en promover un cambio positivo y sostenible, y debemos trabajar juntos para asegurar un futuro mejor y más sostenible para todos. Al trabajar juntos y tomar medidas concretas, podemos enfrentar la amenaza del cambio climático de manera efectiva y crear una transición hacia una sociedad más justa y sostenible.

RESISTENCIA DE LOS INTERESES ECONÓMICOS

La resistencia de los intereses económicos se ha convertido en un gran obstáculo para responder adecuadamente a la amenaza del cambio climático. Muchas empresas y sectores industriales se resisten a abandonar prácticas contaminantes y a adoptar tecnologías más limpias debido a las implicaciones económicas que esto tendría para sus negocios. Algunos gobiernos también se resisten a tomar medidas drásticas para reducir las emisiones de gases de efecto invernadero debido a la presión de las empresas y de los grupos de interés que las respaldan. Esto se ha traducido en una falta de liderazgo y de voluntad política para abordar seriamente el problema del cambio climático a nivel global. A pesar de la resistencia de algunos intereses económicos, ha habido un número creciente de iniciativas para abordar la amenaza del cambio climático. Los gobiernos de muchos países están tomando medidas para reducir sus emisiones de gases de efecto invernadero y para fomentar la adopción de tecnologías más limpias. Algunos gobiernos también están trabajando juntos a través de acuerdos internacionales como el Acuerdo de París para abordar la amenaza del cambio climático. La sociedad civil y las organizaciones no gubernamentales también están intensificando sus esfuerzos para concienciar sobre la amenaza del cambio climático y fomentar el cambio hacia un modelo económico más sostenible.

Entre las acciones que se pueden tomar para proteger nuestro planeta para las generaciones futuras, se encuentra la adopción de fuentes de energía renovable y de tecnologías más eficientes. Esto incluye la promoción del uso de la energía solar, eólica e hidráulica, así como de tecnologías como los vehículos eléctricos y los edificios con eficiencia energética. También se puede trabajar en estrategias de conservación de bosques y otros ecosistemas que actúan como sumideros de carbono. Es importante abordar el problema del consumo excesivo y la producción de bienes superfluos, ya que esto contribuye significativamente a la generación de residuos y emisiones de gases de efecto invernadero. Otra acción clave es la concienciación sobre la amenaza del cambio climático y la adopción de un enfoque integrado para abordar el problema. Esto significa trabajar en la sensibilización y educación sobre el cambio climático, especialmente entre los jóvenes, quienes serán los que hereden el planeta y continuará la lucha contra el cambio climático en las próximas décadas. También implica la colaboración entre diferentes sectores de la sociedad y la promoción de soluciones sostenibles para abordar el problema del cambio climático.

La resistencia de los intereses económicos es un gran obstáculo para abordar adecuadamente la amenaza del cambio climático. Existen acciones que se pueden tomar para proteger nuestro planeta para las generaciones futuras, como la adopción de fuentes de energía renovable, la conservación de bosques y otros ecosistemas, la reducción del consumo excesivo y la producción de bienes superfluos, la educación y la conciencia sobre el cambio climático y la colaboración entre diferentes sectores de la sociedad. Es vital abordar este problema de manera integral y trabajar juntos para construir un futuro más sostenible y justo para todos.

COMPLEJIDAD DEL PROBLEMA

La complejidad del problema del cambio climático radica en su naturaleza multifacética. Afecta no solo al medio ambiente, sino también a la economía, la política y la sociedad en su conjunto. La naturaleza global del problema significa que su solución requiere una coordinación y cooperación sin precedentes a nivel global. En cuanto a la respuesta actual, existe un reconocimiento creciente de la gravedad del problema, pero las medidas adoptadas hasta ahora son insuficientes para abordar el problema de manera efectiva. Entre las acciones necesarias para proteger nuestro planeta para las generaciones futuras se encuentran la reducción drástica de las emisiones de gases de efecto invernadero, la adopción de energías limpias y renovables, la inversión en tecnología y soluciones innovadoras, la implementación de políticas que fomenten la sostenibilidad y la educación y concienciación de la población sobre la importancia de actuar de manera responsable ante el cambio climático. Solo de esta manera podremos asegurar un futuro sostenible para nuestro planeta y las generaciones venideras.

La amenaza del cambio climático es una de las mayores preocupaciones de nuestra época. El aumento de las emisiones de gases de efecto invernadero, como el dióxido de carbono, está provocando un calentamiento global que tiene impactos ambientales, sociales y económicos significativos. Los expertos han advertido que si no se toman medidas, la temperatura global podría aumentar entre 1'5°C y 4'5°C para finales del siglo XXI.

Afortunadamente, la respuesta a este problema está aumentando. Gobiernos, empresas y personas de todo el mundo han comenzado a tomar medidas para frenar el cambio climático y proteger nuestro planeta para las generaciones futuras. Uno de los principales impulsores de esta respuesta ha sido el Acuerdo de París. Este acuerdo, firmado en 2015 por 196 países, estableció el objetivo de mantener el aumento de la temperatura global por debajo de los 2°C por encima de los niveles preindustriales. Desde entonces, muchos países han implementado políticas y regulaciones para reducir sus emisiones de gases de efecto invernadero. Muchas empresas también están tomando medidas para reducir su impacto ambiental. Por ejemplo, algunas empresas están invirtiendo en tecnologías de energía renovable, como paneles solares y turbinas eólicas, para reducir su dependencia de combustibles fósiles. También están adoptando prácticas más sostenibles, como la reducción de residuos y el uso de materiales reciclados. A nivel individual, las personas también pueden tomar medidas para reducir su huella de carbono. Esto puede incluir cosas simples como apagar las luces cuando no se necesitan, usar menos agua, elegir opciones de transporte más ecológicas, como bicicletas o transporte público, y reducir el consumo de alimentos que tienen una huella de carbono alta. Es importante que todos trabajemos juntos para abordar el cambio climático para proteger nuestro planeta y las generaciones futuras.

VIII. SOLUCIONES PARA EL CAMBIO CLIMÁTICO

A lo largo de las últimas décadas, se ha ido tomando cada vez más conciencia de la amenaza que supone el cambio climático y de la necesidad de tomar medidas para afrontarlo. En este sentido, se han propuesto diversas soluciones para tratar de proteger nuestro planeta y las generaciones futuras. Entre estas soluciones se encuentran la reducción de las emisiones de gases de efecto invernadero, la adopción de prácticas más sostenibles en diversos ámbitos, la promoción de tecnologías limpias y la conservación de los ecosistemas naturales.

Una de las soluciones más importantes y efectivas es la reducción de las emisiones de gases de efecto invernadero, en particular del dióxido de carbono (CO_2). Para lograr esto, es necesario reducir el consumo de combustibles fósiles y optar por tecnologías más limpias y eficientes, como las energías renovables. En este sentido, la expansión de la energía solar y eólica y la adopción de tecnologías como los vehículos eléctricos son pasos importantes en la dirección correcta.

Además de la reducción de emisiones, es esencial adoptar prácticas más sostenibles en diversos ámbitos. En la agricultura, por ejemplo, se puede promover el uso de técnicas agrícolas que reduzcan el uso de fertilizantes y pesticidas y favorezcan la diversidad ecológica. En las ciudades, se pueden fomentar prácticas como el transporte público y la bicicleta para reducir las emisiones de gases de efecto invernadero y mejorar la calidad del aire.

Asimismo, el fomento del reciclaje y la reducción del uso de plásticos de un solo uso pueden contribuir significativamente a la disminución de la cantidad de residuos que producimos. Otra solución clave es la promoción de tecnologías limpias y la inversión en investigación y desarrollo de nuevas tecnologías. En este sentido, es importante apoyar la innovación tecnológica para lograr avances en áreas como la energía renovable, la captura y almacenamiento de carbono, y la eficiencia energética. Es necesario incentivar a las empresas y a los inversores a que adopten tecnologías limpias y a que inviertan en el desarrollo de nuevas soluciones sostenibles.

Finalmente, la conservación de los ecosistemas naturales es esencial para combatir el cambio climático y proteger nuestro planeta para las generaciones futuras. La protección de los bosques y la reducción de la deforestación son cruciales para reducir el impacto del cambio climático, ya que los bosques almacenan y absorben grandes cantidades de carbono. Asimismo, la protección de los océanos y la biodiversidad son aspectos fundamentales para la sostenibilidad y para la protección del planeta. El cambio climático es un problema complejo y global que requiere soluciones igualmente complejas y globales. Es necesario que los gobiernos, las empresas y la sociedad en su conjunto trabajen juntos para afrontar este reto y garantizar un futuro sostenible para las generaciones futuras. La reducción de emisiones, la adopción de prácticas más sostenibles, la promoción de tecnologías limpias y la conservación de los ecosistemas naturales son algunas de las soluciones que están siendo propuestas y que podrían tener un impacto significativo en la lucha contra el cambio climático. Es importante actuar con urgencia y determinación para hacer frente a esta amenaza global y proteger nuestro planeta y nuestra civilización de las consecuencias catastróficas del cambio climático.

DESARROLLO DE TECNOLOGÍAS LIMPIAS

En la actualidad, el desarrollo de tecnologías limpias se ha convertido en una pieza fundamental para enfrentar la amenaza del cambio climático y garantizar un futuro sostenible para las generaciones futuras. Estas tecnologías, también conocidas como tecnologías verdes, tienen como objetivo reducir la huella de carbono y minimizar el impacto ambiental de las actividades industriales y cotidianas.

Uno de los principales retos a los que se enfrenta el desarrollo de estas tecnologías es su alto coste. A pesar de que en los últimos años se han producido importantes avances, adquirir equipo y maquinaria de alta tecnología para la generación de energía limpia todavía resulta costoso, lo que reduce su accesibilidad para ciertos sectores y regiones. A su vez, la falta de inversión en este tipo de tecnologías por parte de los gobiernos y las empresas, así como la resistencia de ciertos sectores económicos a adaptarse a tecnologías más sostenibles, hace que el avance sea más lento de lo deseado.

A pesar de estos obstáculos, se han logrado avances significativos en el desarrollo de tecnologías limpias. Uno de los logros más significativos ha sido el desarrollo de paneles solares y turbinas eólicas cada vez más eficientes y con costos decrecientes, lo que ha permitido que más personas accedan a este tipo de energías renovables. En la industria automotriz, por ejemplo, se está avanzando en la fabricación de vehículos eléctricos y en la generación de combustibles más limpios a partir de fuentes como biocombustibles. Otro ejemplo notable es el desarrollo de tecnologías para la generación de energía a partir de residuos y la implementación de sistemas de recolección y reciclaje para reducir la cantidad de residuos que terminan en vertederos o en el mar. Esto no solo reduce la emisión de gases de efecto invernadero, sino que también contribuye a la conservación de recursos naturales valiosos. En cuanto a la acción que se puede tomar para proteger nuestro planeta para las generaciones futuras, existen múltiples estrategias que pueden ser aplicadas a nivel individual, comunitario y gubernamental. Una de las más efectivas es la educación y la concientización sobre los impactos del cambio climático y la importancia de adoptar hábitos más sostenibles en la vida diaria. Estos hábitos pueden incluir el uso de transporte público, el consumo responsable de energía y agua, la eliminación adecuada de residuos y la reducción del consumo de productos con alto contenido de plástico y otros materiales contaminantes.

Es importante fomentar la inversión en tecnologías limpias tanto por parte de los gobiernos como de las empresas privadas. Los incentivos fiscales y los fondos públicos también pueden ser utilizados para estimular la investigación y el desarrollo de tecnologías verdes, así como para reducir el costo de acceso a ellas. En el plano gubernamental, es fundamental que se establezcan políticas y regulaciones que promuevan la adopción de prácticas y tecnologías más sostenibles en la industria y en la generación de energía eléctrica. También es necesario fomentar alianzas internacionales y acuerdos climáticos entre los países para lograr una acción global efectiva.

Otro aspecto relevante que considerar es la importancia de la conservación y restauración de los bosques y otros ecosistemas naturales. Estos ecosistemas no solo son importantes para la captura de carbono, sino que también proveen múltiples servicios ecosistémicos, tales como protección de suelos, regulación del clima local y global, conservación de la biodiversidad, etc. Hay que tomar en cuenta que la conservación y restauración de estos ecosistemas tienen un costo, por lo que es importante que las empresas con impacto ambiental hagan su aporte al financiamiento de estas acciones.

El desarrollo de tecnologías limpias es fundamental para enfrentar los retos que supone el cambio climático y proteger nuestro planeta para las generaciones futuras. Si bien aún quedan obstáculos por superar, ya se han logrado avances significativos en el desarrollo de tecnologías verdes, que van desde la generación de energía a partir de fuentes renovables hasta la recolección y el reciclaje de residuos.

Para lograr una acción efectiva se requiere la colaboración tanto de los gobiernos como de la sociedad en general, a través de la aplicación de políticas y regulaciones que promuevan la adopción de prácticas sostenibles y el apoyo a la innovación y el desarrollo de tecnologías limpias. Es importante concienciar sobre la importancia de adoptar prácticas sostenibles y reducir nuestro impacto ambiental para proteger nuestro planeta para las generaciones futuras.

PROMOCIÓN DE LA ENERGÍA RENOVABLE

La promoción de la energía renovable es una de las acciones más importantes que podemos tomar para proteger nuestro planeta y garantizar un futuro sostenible para las generaciones venideras. La energía renovable se define como aquella que proviene de fuentes que no se agotan con su uso, como el sol, el viento, las mareas y la biomasa. En contraste, la energía no renovable, como el petróleo y el gas, se encuentra en depósitos que se agotan con el tiempo y generan emisiones de gases de efecto invernadero que contribuyen al cambio climático. Es por ello por lo que la transición a una matriz energética basada en fuentes renovables es clave para mitigar el impacto del cambio climático. A pesar de los beneficios evidentes de las energías renovables, la transición a una economía baja en carbono ha enfrentado varios obstáculos. Uno de los principales desafíos es la falta de inversión y apoyo político. En muchos países, los subsidios para los combustibles fósiles son todavía más cuantiosos que los que reciben las energías renovables, lo que hace que estas últimas sean menos competitivas. Existen barreras técnicas para el despliegue de algunas tecnologías, como los paneles solares o las turbinas eólicas, que pueden resultar costosas y no estar disponibles en todos los mercados.

A pesar de estos retos, la energía renovable sigue ganando terreno en todo el mundo. En la actualidad, la creciente demanda de energía limpia y la reducción de costos de la tecnología renovable han generado nuevos incentivos para su implementación.

Los países líderes en la promoción de energías renovables han establecido marcos legales e institucionales que favorecen la inversión en este sector, como programas de incentivos fiscales, subsidios y préstamos a bajo interés. En particular, la energía eólica y solar se han convertido en las tecnologías renovables de mayor crecimiento, con una tasa de adopción cada vez más rápida en todo el mundo.

Por otro lado, la energía renovable tiene muchos beneficios más allá de la reducción de las emisiones de gases de efecto invernadero. Por ejemplo, puede proporcionar acceso a la energía a comunidades rurales y remotas que no tienen acceso a la red eléctrica. Asimismo, la energía renovable puede crear empleos en sectores como la fabricación, la instalación y el mantenimiento de sistemas de energía limpia. La implementación de tecnologías renovables puede reducir la dependencia de los combustibles fósiles importados, lo que aumenta la seguridad energética de los países.

En cualquier caso, para que la transición a las energías renovables se acelere, es necesario abordar algunos de los desafíos que aún existen. Primero, es fundamental una mayor inversión financiera en proyectos de energía renovable por parte tanto del sector público como del privado, para permitir la escalabilidad y la reducción de costos. Segundo, se requiere un marco regulatorio claro y consistente que fomente la inversión en energía limpia al mismo tiempo que asegure la seguridad energética y ambiental. Tercero, es preciso impulsar la investigación y el desarrollo de nuevas tecnologías de energía renovable que puedan ser desarrolladas y escaladas a un costo razonable.

La promoción de la energía renovable es una de las herramientas más importantes para enfrentar la amenaza del cambio climático. Gracias a las tecnologías de energía renovable, podemos reducir nuestros impactos en el medio ambiente y garantizar un futuro próspero y sustentable para nosotros y las generaciones futuras. Para que esto sea posible, es necesario el compromiso y el apoyo de todos los actores involucrados, desde los gobiernos hasta las empresas y la sociedad civil. Si trabajamos juntos para fomentar la transición a una economía baja en carbono, podemos hacer la diferencia que necesitamos en la lucha contra el cambio climático.

PROGRAMAS DE REFORESTACIÓN Y CONSERVACIÓN DEL MEDIO AMBIENTE

La conservación del medio ambiente y la implementación de programas de reforestación son cruciales para garantizar un futuro sostenible. La deforestación es uno de los principales contribuyentes al cambio climático, ya que la eliminación de árboles reduce la capacidad de la Tierra para absorber el dióxido de carbono. Los programas de reforestación buscan restaurar la biodiversidad y aumentar la capacidad de la Tierra para almacenar carbono, lo que ayuda a reducir las emisiones de gases de efecto invernadero. Los esfuerzos de conservación del medio ambiente incluyen la protección de zonas costeras, bosques, y la promoción de prácticas agrícolas sostenibles.

Una forma de abordar la deforestación es a través de la implementación de políticas de manejo forestal sostenible. Esto implica el uso cuidadoso y planificado de los recursos forestales para minimizar los efectos negativos en el medio ambiente. Los programas de manejo forestal sostenible incluyen la regulación del uso del suelo, la capacitación y la educación a los residentes locales acerca de prácticas ambientalmente responsables. De esta manera, se puede proteger la biodiversidad ecológica y asegurar el uso continuo y sostenible de los recursos forestales para las generaciones futuras.

Otro enfoque para la conservación del medio ambiente es la creación de áreas protegidas, como parques nacionales, reservas biológicas y santuarios de vida silvestre. Estas áreas proporcionan refugio para especies animales y vegetales en peligro de extinción, y también sirven como una fuente crucial de agua limpia y aire puro. Las áreas protegidas pueden ser creadas no sólo por los gobiernos sino también por empresas y grupos comunitarios, que trabajan juntos para preservar las zonas de importancia ecológica. La conservación del hábitat marino también es esencial para la protección del medio ambiente global. Muchas especies de vida marina están en peligro debido a la sobrepesca, la acidificación del océano y la contaminación. Hay programas de conservación y restauración en todo el mundo que trabajan para proteger la biodiversidad marina y restaurar los corales y otros ecosistemas vitales para la vida oceánica. Debe notarse que el océano es el mejor sumidero de carbono, lo que significa que es la solución a nuestras emisiones actuales de gases de efecto invernadero. Como tal, la protección del medio ambiente marino es una de nuestras mejores defensas contra el cambio climático.

La promoción de prácticas agrícolas sostenibles también es fundamental para abordar la amenaza del cambio climático. Las prácticas agrícolas sostenibles incluyen la rotación de cultivos, la conservación del suelo, la reducción del uso de pesticidas y el fomento de la biodiversidad en los campos. Estas prácticas pueden tener un impacto significativo en la conservación del medio ambiente y la mitigación del cambio climático, al reducir la cantidad de nutrientes y pesticidas que llegan a las fuentes de agua, y promover la biodiversidad en las áreas rurales.

Un importante estudio del Panel Intergubernamental sobre Cambio Climático (IPCC) titulado: 'Cambio Climático y Tierra' llama a la "transformación radical" de la forma en que usamos la tierra para evitar las peores consecuencias del calentamiento global. El informe, señala que se necesita un cambio profundo en los alimentos y la agricultura para evitar la degradación del suelo, la deforestación y aumentar la producción de alimentos necesarios para alimentarnos. De hecho, la agricultura y la deforestación, son dos de los grandes contribuyentes al calentamiento global, por lo que se debe incidir en la creciente producción de alimentos, ya que estamos en un mundo donde la población no dejará de incrementarse.

La conservación del medio ambiente es una tarea crítica para proteger nuestro planeta para las generaciones futuras. La implementación de programas de reforestación, la promoción de prácticas agrícolas sostenibles, la creación de áreas protegidas, y la conservación del hábitat marino son solo algunos de los esfuerzos necesarios para proteger y restaurar nuestro medio ambiente. Es necesario trabajar juntos para desarrollar políticas y prácticas sustentables que ayuden a mitigar el cambio climático y garantizar un futuro sostenible y próspero para todos.

El cambio climático continúa representando una amenaza significativa para nuestro planeta y para la humanidad a medida que avanzamos en el siglo XXI. A medida que la temperatura global sigue aumentando, el cambio climático tiene el potencial de alterar significativamente el clima, los ecosistemas y los patrones de vida en todo el mundo. Para responder a esta amenaza, se han tomado diversas acciones y se han propuesto diversas soluciones, aunque aún queda mucho por hacer para abordar adecuadamente el problema y proteger nuestro planeta para las generaciones futuras.

En primer lugar, las acciones para abordar el cambio climático han sido adoptadas tanto a nivel individual como institucional. En el nivel individual, los ciudadanos de todo el mundo han comenzado a tomar medidas personales para reducir su huella de carbono. Algunas de estas acciones incluyen el uso de transporte público o bicicletas en lugar de vehículos privados, la eliminación de alimentos de origen animal de sus dietas y la inversión en energías renovables. También ha habido un aumento en la adopción de tecnologías respetuosas con el medio ambiente, como la energía solar, los sistemas que utilizan los desechos orgánicos y los vehículos eléctricos.

A nivel institucional, los gobiernos y las empresas de todo el mundo han comenzado a tomar medidas significativas para abordar el problema del cambio climático. En muchos países, se han establecido objetivos específicos para reducir las emisiones de gases de efecto invernadero y se han implementado políticas para fomentar la adopción de tecnologías eficientes y respetuosas con el medio ambiente.

Algunas empresas también han respondido a la amenaza del cambio climático mediante la adopción de planes de sostenibilidad y la inversión en tecnologías limpias.

Muchos grupos y organizaciones no gubernamentales están invirtiendo en soluciones innovadoras al cambio climático. Por ejemplo, algunos están trabajando para desarrollar tecnologías que puedan extraer dióxido de carbono de la atmósfera. Otros están enfocados en ayudar a los países en vías de desarrollo a adaptarse a los efectos del cambio climático.

A pesar de las muchas soluciones y acciones que se están adoptando para abordar el cambio climático, todavía queda mucho por hacer. En particular, los países en desarrollo todavía enfrentan muchos desafíos para adaptarse a los efectos del cambio climático. Es importante que los países ricos y desarrollados se esfuercen más para ayudar a resolver estos problemas.

También existe la necesidad de abordar la cuestión fundamental de las emisiones de gases de efecto invernadero. Mientras que muchas políticas y acciones buscan reducir los niveles de emisiones, todavía se necesita una mayor colaboración a nivel internacional para enlazar los esfuerzos y garantizar que se estén haciendo avances en la reducción global de emisiones.

El cambio climático sigue siendo una amenaza importante para nuestro planeta y para la humanidad. Es esencial que sigamos buscando soluciones innovadoras y tomando medidas tanto a nivel individual como institucional para abordar el problema. Si bien se han tomado algunas medidas significativas, todavía queda mucho por hacer, y es importante que sigamos invirtiendo en tecnologías de energía eficientes y respetuosas con el medio ambiente, la reducción de las emisiones de gases de efecto invernadero y la adaptación a los cambios climáticos inevitables. Solo de esta manera podremos proteger nuestro planeta para las generaciones futuras y garantizar un futuro sostenible para la humanidad.

IX. LA IMPORTANCIA DE TRABAJAR JUNTOS

Frente a la inminencia de las consecuencias del cambio climático, es evidente la importancia de trabajar juntos. Las soluciones viables y duraderas requieren del trabajo en equipo, la colaboración, el diálogo y la construcción de alianzas entre instituciones, gobiernos, empresas, organizaciones y la sociedad en general. La problemática del cambio climático no tiene fronteras ni límites, por lo que se exige una coordinación global y una acción multilateral para poder enfrentarla con éxito.

Las medidas y acciones que se proponen para proteger nuestro planeta para las generaciones futuras son variadas y complejas, pero todas ellas se enfocan en reducir las emisiones de gases de efecto invernadero y en promover la transición hacia una economía baja en carbono. El fomento de las energías renovables, la eficiencia energética, la agricultura sostenible, la gestión integral de los residuos, la protección de los bosques y la biodiversidad, entre otras, son algunas de las medidas a las que se les debe dar prioridad.

Es fundamental que los gobiernos tengan un papel protagónico y asumir el compromiso de elaborar políticas públicas orientadas a la reducción de las emisiones y a la adaptación de los efectos del cambio climático. Los acuerdos internacionales y las iniciativas de cooperación son esenciales para promover una acción global y para coordinar esfuerzos en la lucha contra el cambio climático.

Las empresas tienen un importante papel como agentes de cambio, ya que pueden contribuir significativamente a reducir las emisiones de gases de efecto invernadero. Las empresas pueden reducir su propia huella de carbono, establecer objetivos climáticos, desarrollar estrategias de eficiencia energética, invertir en tecnologías limpias, y fomentar la innovación y la creación de nuevas soluciones sostenibles. Como consumidores, todos podemos hacer nuestra parte, siendo más conscientes del impacto ambiental de nuestros hábitos de consumo y enfocándonos en opciones más sostenibles.

La sociedad en general también debe involucrarse en la lucha contra el cambio climático. La educación, la sensibilización y el compromiso activo de los ciudadanos son fundamentales para impulsar la acción climática. Los ciudadanos pueden influir en las políticas y en las decisiones de las empresas y los gobiernos, mediante el activismo, la presión ciudadana y la participación en los procesos democráticos. Es importante que la sociedad se adapte a los efectos del cambio climático y se prepare para enfrentarlos, construyendo ciudades más resistentes y sostenibles, y promoviendo la justicia y la equidad climática.

La amenaza del cambio climático no puede ser solucionada por un solo actor o sector, requiere del trabajo conjunto y coordinado de todos los actores sociales. La protección de nuestro planeta y la construcción de un futuro más sostenible para las generaciones futuras exigen la implementación de soluciones amplias, innovadoras y colectivas. La responsabilidad es compartida y todos tenemos un papel que desempeñar. Juntos podemos lograr un cambio real hacia una sociedad más justa, equitativa y sostenible.

COLABORACIONES INTERNACIONALES

En el contexto global actual, la cooperación internacional es más importante que nunca, especialmente cuando se trata de enfrentar la amenaza del cambio climático. Los cambios climáticos son una problemática mundial que incumbe a todos los países del mundo, independientemente de su nivel de desarrollo, tamaño o ubicación geográfica. Así, la colaboración entre naciones es esencial para afrontar una cuestión tan compleja y global como son los cambios climáticos. Desde el Acuerdo de París en 2015, muchos países han tomado medidas importantes para reducir las emisiones de gases de efecto invernadero y alcanzar una economía baja en carbono. Es crucial que estas iniciativas se sigan negociando, implementando y evaluando con rigor, con el objetivo de alcanzar los objetivos de reducción de emisiones establecidos en el acuerdo. También es importante que se fomente la cooperación y transferencia de tecnología para que los países en desarrollo puedan avanzar hacia una economía baja en carbono y adaptarse a los impactos cada vez mayores del cambio climático. Los desafíos globales del cambio climático no pueden ser superados por un solo país, sino que sólo a través de la colaboración internacional podemos llegar a soluciones sostenibles y justas para proteger nuestro planeta para las generaciones futuras.

COOPERACIÓN ENTRE EMPRESAS Y ORGANIZACIONES

La cooperación entre empresas y organizaciones es esencial para enfrentar la amenaza del cambio climático y proteger nuestro planeta para las generaciones futuras. La colaboración de empresas de diferentes sectores, así como de organizaciones no gubernamentales, instituciones académicas y gobiernos, permite la sinergia de esfuerzos y recursos para desarrollar y aplicar soluciones sostenibles. La cooperación debe abarcar todas las etapas de la cadena productiva, desde la producción hasta el consumo y la gestión de residuos. En este sentido, es fundamental la implementación de prácticas ecoeficientes en la producción, la reducción del consumo energético, la promoción del transporte sostenible y la gestión responsable de los residuos. Asimismo, es necesario trabajar en la concientización y educación de la sociedad sobre la importancia de la sostenibilidad y la reducción de la huella de carbono. La cooperación también debe fomentar la inversión en tecnologías limpias y la investigación y desarrollo de nuevas alternativas, así como promover la adopción de medidas políticas que incentiven la sostenibilidad y la reducción de las emisiones de gases contaminantes. La cooperación entre empresas y organizaciones es un paso clave para responder a la amenaza del cambio climático y proteger nuestro planeta para las generaciones futuras.

PARTICIPACIÓN CIUDADANA EN EL CAMBIO DE ACTITUDES

En la actualidad, la participación ciudadana se ha vuelto fundamental en la lucha contra el cambio climático y en la transformación de las actitudes de las personas. La ciudadanía debe involucrarse activamente en la promoción de iniciativas que busquen soluciones sostenibles y viables para el medio ambiente. En este sentido, la educación emerge como uno de los pilares fundamentales para fomentar el cambio de actitudes en la población. Es esencial que la ciudadanía tenga un mayor conocimiento sobre las causas y consecuencias del cambio climático, así como de las medidas que se están tomando para combatirlo. La participación activa y constante de la ciudadanía es fundamental para presionar a los gobiernos y empresas para que adopten medidas y políticas que protejan el medio ambiente. Esto se puede lograr a través de la movilización social y la organización de protestas pacíficas, así como también por medio de la educación y sensibilización sobre el impacto que las pequeñas acciones individuales pueden tener en el medio ambiente. Otro elemento fundamental para promover el cambio de actitudes en la población es el del fomento de la educación ambiental en las escuelas, universidades y centros educativos. Esta educación debe incluir no solo la enseñanza de los conceptos básicos sobre el cambio climático, sino también el desarrollo de un pensamiento crítico y la capacidad para aplicar soluciones sostenibles en la vida cotidiana.

Adicionalmente, los gobiernos deben trabajar en conjunto con la ciudadanía para desarrollar proyectos de educación ambiental y fomentar la investigación y el desarrollo en tecnologías limpias y sostenibles. La participación ciudadana es fundamental en la lucha contra el cambio climático y la transformación de las actitudes de las personas. El fomento de la educación ambiental y la promoción de iniciativas sostenibles son herramientas clave para conseguir una sociedad más responsable y comprometida con la preservación del planeta para las generaciones futuras.

La amenaza del cambio climático es una de las preocupaciones más apremiantes para la humanidad actualmente. Este fenómeno se refiere a los cambios globales en el clima, que se atribuyen principalmente a las actividades humanas, como la quema de combustibles fósiles, la deforestación y la agricultura intensiva. Como resultado, la temperatura global está aumentando, lo cual tiene consecuencias graves para el planeta y todos los seres vivos que lo habitan. El ser humano no se ha quedado de brazos cruzados ante esta amenaza; de hecho, se han desarrollado numerosas iniciativas para combatir estas emisiones y proteger el medio ambiente para las generaciones futuras. Algunas de estas acciones incluyen la promoción de tecnologías más limpias y renovables, como la energía solar y la eólica, así como la inversión en transporte público, infraestructuras energéticas y sistemas de eficiencia energética. Se han promovido políticas internacionales y nacionales, como el Acuerdo de París, un pacto global entre países para limitar el aumento de la temperatura media global a menos de 2°C por encima de los niveles preindustriales y buscar esfuerzos para limitar este aumento a 1,5°C. Existen también acciones individuales que cualquier persona puede tomar para contribuir a esta lucha, como el uso de transporte sostenible, la reducción del consumo de energía y el reciclaje. A medida que la tecnología avanza y las preocupaciones por el medio ambiente se incrementan, las soluciones para hacer frente al cambio climático se están volviendo más accesibles y variadas. La velocidad y la determinación de los esfuerzos aún se debaten. Para proteger nuestro planeta para las generaciones futuras, es imperativo que cada uno de nosotros contribuya a la construcción de un futuro más sostenible.

X. RIESGOS GLOBALES Y CATÁSTROFES NATURALES

El cambio climático es una de las amenazas más grandes al que se enfrenta el planeta. Las emisiones de gases de efecto invernadero, principalmente el dióxido de carbono, provocan un aumento de la temperatura del planeta y una serie de consecuencias peligrosas. Las temperaturas más cálidas están provocando grandes cambios en los patrones climáticos, causando inundaciones, sequías, ciclones, incendios forestales y otros eventos climáticos extremos cada vez más frecuentes. Estos eventos han causado la pérdida de vidas, medios de subsistencia y costos astronómicos en reparaciones y restauraciones. Los eventos climáticos extremos también tienen un costo económico enorme en términos de daños a propiedades e interrupción de los servicios esenciales.

Frente a esta amenaza, los gobiernos, las empresas y las organizaciones de la sociedad civil están trabajando para limitar la emisión de gases de efecto invernadero que provienen de la quema de combustibles fósiles y la deforestación. También se están tomando medidas para adaptarse y prepararse para los efectos del cambio climático, incluida la construcción de infraestructuras más resistentes a los eventos climáticos extremos, como la elevación de carreteras y puentes. En el futuro, tendremos que hacer mucho más para proteger nuestro planeta y a las generaciones futuras.

Una de las medidas que podemos adoptar para proteger nuestro planeta es reducir nuestro propio consumo de energía y de productos de origen animal. Los hogares son responsables de alrededor del 25% de las emisiones de gases de efecto invernadero a nivel mundial. Al ser más conscientes de nuestro consumo de energía y reducir nuestro uso de aparatos, podemos hacer una gran diferencia. Por ejemplo, podemos reducir nuestros gastos de energía mediante la instalación de ventanas y aislamiento adecuado. También podemos reducir nuestro uso de productos de origen animal, que son responsables de una gran cantidad de emisiones de gases de efecto invernadero, al reducir nuestro consumo de carne y productos lácteos. De esta manera, podemos lograr una diferencia significativa en la disminución de las emisiones de gases de efecto invernadero.

Otra medida importante es la transición hacia la energía renovable. Las fuentes de energía renovable, como la energía solar, eólica e hidroeléctrica, no producen gases de efecto invernadero y son el futuro de la energía. Ya hay muchos ejemplos de comunidades y empresas que están invirtiendo en la energía renovable y obteniendo importantes beneficios económicos y ambientales. Si más personas y empresas se unieran, podríamos avanzar aún más rápido hacia un futuro más sostenible y seguro.

Es importante que los consumidores, empresas y gobiernos trabajen juntos para abordar los desafíos del cambio climático y la gestión de emergencias ante eventos climáticos extremos. En particular, es esencial que se promueva una mayor inversión en la investigación y el desarrollo de tecnologías verdes y que se implementen planes de contingencia que permitan la movilización rápida de recursos durante una emergencia. Esto podría incluir la creación de sistemas de alerta temprana para eventos climáticos extremos, la creación de evacuaciones coordinadas y planes de recuperación y reconstrucción.

Para proteger nuestro planeta y asegurar la supervivencia de las generaciones futuras, debemos tomar medidas para reducir las emisiones de gases de efecto invernadero, especialmente a través de la transición a la energía renovable, reducir nuestro propio consumo de energía y productos de origen animal, y prepararnos para los eventos climáticos extremos y las emergencias que puedan surgir. Si trabajamos juntos y tomamos medidas ahora, podemos lograr un futuro más seguro y sostenible.

SEQUÍAS E INCENDIOS FORESTALES

Las sequías e incendios forestales son dos de los principales desafíos que enfrentamos debido al cambio climático en todo el mundo. En muchos lugares, la disminución de las precipitaciones y el aumento de las temperaturas están provocando sequías que se prolongan durante años. Esto tiene un impacto significativo en la agricultura y los recursos hídricos, lo que a su vez afecta la seguridad alimentaria y la subsistencia de millones de personas. Por otro lado, el aumento de las temperaturas también ha aumentado la frecuencia y la magnitud de los incendios forestales, causando una gran devastación en la vida silvestre y el medio ambiente a largo plazo. Los incendios forestales liberan grandes cantidades de dióxido de carbono, agravando aún más el cambio climático. Si bien es difícil erradicar completamente estas amenazas, hay varias acciones que podemos tomar para reducir su impacto. En primer lugar, es crucial que trabajemos para reducir las emisiones de gases de efecto invernadero. Esto significa que debemos reducir nuestra dependencia de los combustibles fósiles y hacer un mayor uso de las energías renovables. También necesitamos adoptar prácticas sostenibles en la agricultura y la ganadería, como la siembra directa, la rotación de cultivos, el manejo integrado de plagas y la agricultura de conservación. Del mismo modo, debemos promover programas que fomenten la conservación del suelo, la reforestación de áreas deforestadas y la restauración de los ecosistemas degradados, todo lo cual ayuda a prevenir la erosión del suelo y a restaurar la biodiversidad.

Otra área de gran importancia es la gestión del agua. Los gobiernos, las empresas y los ciudadanos deben trabajar juntos para reducir el consumo de agua, proteger las fuentes de agua dulce y garantizar el acceso equitativo al agua. También debemos invertir en tecnologías que nos permitan aprovechar al máximo el agua disponible, como sistemas de riego eficientes, sistemas de reciclaje de agua y la captación de agua de lluvia.

Es importante que abordemos los problemas relacionados con la planificación urbana y la expansión de la infraestructura. Las ciudades deben ser diseñadas para ser más resistentes al cambio climático, con edificios que sean energéticamente eficientes y que utilicen materiales sostenibles. También es importante reducir la urbanización acelerada, que a menudo conduce a la degradación ambiental y al aumento de la demanda de recursos. El cambio climático es una amenaza inminente para nuestro planeta y requiere una respuesta global coordinada. Debemos tomar medidas inmediatas y efectivas para reducir nuestras emisiones de gases de efecto invernadero, fortalecer la adaptación y la resiliencia, y garantizar la sostenibilidad de nuestras comunidades y ecosistemas. Solo de esta manera podremos proteger nuestro planeta para las generaciones futuras y garantizar un futuro sostenible y próspero para todos.

FENÓMENOS METEOROLÓGICOS EXTREMOS

En las últimas décadas, hemos sido testigos de un aumento en la frecuencia y la intensidad de los fenómenos meteorológicos extremos, tales como huracanes, sequías y olas de calor. Las temperaturas globales están aumentando, y esto está causando eventos climáticos más extremos, debido a que tales eventos son exacerbados por la cantidad de humedad presente en el aire, lo que puede intensificar las tormentas y las inundaciones. Este aumento de las temperaturas del planeta también está causando una fusión más acelerada de los glaciares y el hielo marino, lo que está causando un aumento del nivel del mar, lo que amenaza las ciudades costeras y las islas, y está erosionando los hábitats naturales de la vida marina.

Como respuesta a estos desafíos, se han implementado diversas medidas de mitigación y adaptación. Se han creado políticas mundiales para reducir los gases de efecto invernadero que contribuyen al calentamiento global, se han incentivado las prácticas ecológicas y la reducción de plástico, y se han instalado renovables como paneles solares y turbinas eólicas para promover una transición hacia una economía de bajo carbono. En términos de adaptación, las ciudades costeras y las zonas vulnerables han comenzado a implementar programas de protección costera para prevenir daños de la erosión y de las inundaciones. Las comunidades afectadas, han respondido mediante cambios en sus actividades económicas y en sus estilos de vida, factor fundamental para lograr cambios en las emisiones de gases de efecto invernadero.

A pesar de estos esfuerzos, el cambio climático y sus efectos están avanzando y se espera que continúen intensificándose en el futuro. Es necesario implementar nuevas soluciones e innovaciones para fortalecer las acciones contra el cambio climático. Una opción que está ganando terreno, es la geoingeniería, la cual implica manipular deliberadamente el sistema climático de la Tierra para contrarrestar los efectos del cambio climático, pero que aún están siendo objeto de controversia. Otras soluciones se están basando en cambios a menor escala, en la vida cotidiana y en las políticas concertadas con mayor iniciativa de los diferentes gobiernos.

El cambio climático y los fenómenos meteorológicos extremos que ha provocado, son una amenaza real y urgente para nuestro planeta y la vida humana. La situación es alarmante, sin embargo, las respuestas ante tal fenómeno están siendo cada vez más efectivas y cada día se añaden más soluciones. Restringir el calentamiento global es uno de los mayores desafíos de nuestro tiempo, pero es una cuestión que puede ser solucionada si aplicamos medidas adecuadas. Es el momento de tomar acciones concretas que redefinan nuestro modo de vida, desde la forma en que nos movemos, comemos y habitamos el planeta. Sólo mediante un esfuerzo concertado de todos los actores sociales, incluidos los gobiernos, las empresas, las comunidades y los individuos, podremos proteger nuestro planeta para las generaciones futuras. Debemos seguir cooperando, innovando y desarrollando ideas nuevas para enfrentar la amenaza del cambio climático y garantizar la supervivencia de nuestra especie en este planeta.

IMPACTO EN LA BIODIVERSIDAD

El cambio climático presente en nuestra sociedad también tiene efectos sobre la biodiversidad del planeta.

Este fenómeno impacta de manera negativa en un alto número de especies, provocando la extinción de muchas de ellas. Esto se debe a la alteración de los ciclos naturales, que generan modificaciones en los ecosistemas y en las condiciones climáticas, lo cual lleva a que los organismos no sean capaces de adaptarse a estos cambios. La deforestación, el crecimiento de las ciudades y la contaminación son factores que aumentan el riesgo de alteración del ecosistema y por lo tanto influyen en la disminución de la biodiversidad. El aumento de la temperatura global está generando una elevación del nivel del mar, lo que amenaza la supervivencia de muchas especies marinas debido a la acidificación del agua. También se afectan los sistemas de alimentación, que se vuelven más escasos, debido a la limitación de los recursos. Con todo esto, se puede decir que el cambio climático sigue siendo una de las problemáticas más importantes que se debe abordar, ya que de continuar con la actividad humana como hasta ahora, la biodiversidad puede llegar a desaparecer. En consecuencia, es necesario que se tomen medidas urgentes para reducir las emisiones de gases contaminantes y evitar la desaparición de especies animales y vegetales, ya que una vez perdidas, no habría manera de recuperarlas. Se deben implementar políticas de conservación de los recursos naturales, desarrollar programas de educación en el cuidado del medio ambiente y fomentar la sustentabilidad. Es imprescindible que hagamos cambios en nuestros hábitos cotidianos para mitigar el daño en la biodiversidad y asegurarnos un futuro sostenible para las próximas generaciones.

En la actualidad, la amenaza del cambio climático para nuestro planeta es alarmante. La evidencia científica nos muestra que estamos viviendo en una época de calentamiento global y aumento en la frecuencia y gravedad de eventos climáticos extremos, como huracanes, sequías, y olas de calor. No solo hay impactos inmediatos y devastadores en la naturaleza, sino también en la humanidad misma, en donde las personas, sobre todo las más pobres, son las que sufren más las consecuencias.

A pesar de la magnitud de la crisis climática, no todas las naciones del mundo están respondiendo de la manera adecuada. De hecho, algunos gobiernos ignoran la evidencia científica y continúan con prácticas económicas y ambientales insostenibles. Hay empresas y sectores que ponen sus intereses económicos por sobre los intereses de la humanidad, poniendo en riesgo la habitabilidad de nuestro planeta.

Hay una creciente conciencia y acción en favor de un futuro sostenible, y hay muchas acciones que se pueden tomar para proteger nuestro planeta para las generaciones futuras. En primer lugar, debemos adoptar una actitud proactiva y comprometida con la protección ambiental. Esto implica cambios en nuestro estilo de vida, como reducir nuestra huella de carbono, reducir el uso de plásticos y otros materiales dañinos, y apoyar productos y servicios verdes. También implica ser más conscientes de nuestro consumo de recursos, como el agua y la energía.

Otra acción importante es la inversión en tecnologías limpias y renovables para reducir la dependencia de fuentes de energía fósiles que son la principal causa del cambio climático. Es necesario fomentar la investigación y el desarrollo de tecnologías limpias que sean más accesibles, eficaces y a un menor costo, como la energía solar y eólica y la tecnología de baterías avanzadas. También es importante apoyar políticas y programas gubernamentales que promuevan la transición hacia una economía más sostenible. Además de la tecnología, la educación y la sensibilización son fundamentales para cambiar la cultura y las conductas de la sociedad. Es importante que todos tomemos conciencia de la importancia de la protección ambiental y adoptemos hábitos más sostenibles en nuestra vida cotidiana. Esto podría incluir programas educativos en las escuelas, medios de comunicación y campañas publicitarias en las cuales se fomente la educación ambiental. En el ámbito político, los líderes y los gobiernos pueden tomar medidas significativas como establecer políticas y regulaciones que fomenten la protección del medio ambiente. Por ejemplo, los gobiernos pueden implementar leyes y regulaciones para incentivar la producción y el consumo de energías renovables, establecer impuestos al carbón y otros combustibles fósiles, y fomentar la investigación y el desarrollo de tecnologías limpias y sostenibles. También es importante fomentar iniciativas como el comercio justo y el trabajo digno, que no sólo ayudan a mejorar la calidad de vida de las personas, sino que también contribuyen a proteger y preservar el medio ambiente. El comercio justo, por ejemplo, promueve el desarrollo sostenible y la economía local, así como la reducción de emisiones de gases de efecto invernadero. Al mismo tiempo, el trabajo digno garantiza que las personas responsables de la producción de productos de todos los sectores, incluyendo la agricultura, tengan acceso a recursos y servicio clave que le permitan mejorar su productividad y eficiencia. Finalmente, es importante que las empresas, las organizaciones no gubernamentales (ONG) y otras instituciones también asuman la responsabilidad de proponer y ejecutar cambios para enfrentar al cambio climático. Las empresas pueden adoptar medidas para reducir su huella de carbono y promover prácticas sostenibles en sus operaciones. Las ONG pueden trabajar en proyectos de desarrollo sostenible y en la educación de las comunidades para fomentar la protección del medio ambiente. Por otra parte, todas las instituciones pueden promover la transparencia y la rendición de cuentas, y trabajar con otros interesados para lograr un cambio coordinado y efectivo en la lucha contra el cambio climático.

El cambio climático es una amenaza seria para la humanidad y nuestro planeta. Hay muchas acciones que se pueden tomar para proteger nuestro hogar para las generaciones futuras. Adoptando una actitud proactiva hacia el cambio climático, invirtiendo en tecnologías limpias y fomentando la educación y la sensibilización, así como promoviendo políticas y regulaciones gubernamentales y adoptando prácticas sostenibles en nuestras actividades cotidianas, podemos contribuir a la protección y preservación del medio ambiente. Al final, es nuestra responsabilidad actuar ahora para garantizar un futuro sostenible y habitable.

XI. LA RESPONSABILIDAD DE LA INDUSTRIA Y LA PRODUCCIÓN

La industria y la producción son dos áreas clave de la economía global y, al mismo tiempo, son dos sectores responsables de una gran parte de la emisión de gases de efecto invernadero. El reto reside en cómo lograr la reducción de estas emisiones sin sacrificar la expansión económica y el desarrollo. La responsabilidad de la industria y la producción en la lucha contra el cambio climático es fundamental ya que cualquier solución plausible debe incluir una estrategia de reducción efectiva de las emisiones de gases de efecto invernadero que sean producidos por ellas. Es importante, en este sentido, que exista una colaboración tanto entre los gobiernos como entre las empresas y que se promuevan enfoques innovadores que permitan una producción y consumo más sostenible. Esto se podría lograr mediante un sistema de regulación que establezca normas claras y específicas, que promueva la eficiencia energética en los procesos de producción, así como el uso intensivo de energías renovables. Las empresas también pueden implementar prácticas ambientales más eficientes dentro de sus instalaciones, incluyendo la reducción del uso de agua, la reducción de la cantidad de residuos que genera el proceso productivo y la utilización de materiales reciclados en sus procesos de producción. Las empresas pueden alentar la participación de los empleados en la adopción de prácticas más sostenibles y pueden recompensar la innovación en este ámbito. Finalmente, se requiere una mayor colaboración entre la industria y las comunidades afectadas por los procesos de producción, con el fin de asegurar que los impactos negativos en la naturaleza sean minimizados y que haya una mejora en la salud de la población y mayor bienestar. Por otra parte, las sociedades también tienen una responsabilidad en la lucha contra los cambios climáticos y eso debe ser enfatizado. Los consumidores pueden desempeñar un papel importante mediante la demanda de productos sostenibles, que sean producidos con respeto al medio ambiente y a la salud. En este sentido, las empresas pueden fomentar el consumo sostenible promoviendo enfoques más conscientes y comprometidos con el cuidado del medio ambiente, incluyendo la educación y sensibilización sobre responsabilidad social y ambiental. Asimismo, los gobiernos deben desempeñar un papel importante en la elaboración de políticas y estrategias que promuevan la sostenibilidad en la industria y la producción. Se pueden establecer metas y objetivos claros para reducir las emisiones de gases de efecto invernadero, se pueden implementar incentivos fiscales que promuevan la utilización de tecnologías sostenibles, y se pueden aplicar sanciones para los casos de empresas que no respeten las normas establecidas para la protección del medio ambiente. Los gobiernos pueden establecer alianzas con otros actores relevantes en la lucha contra el cambio climático, incluyendo los organismos internacionales y las organizaciones no gubernamentales.

La responsabilidad de la industria y la producción es crucial en la lucha contra los cambios climáticos y es necesario que los gobiernos, las empresas y la sociedad trabajen juntos en una lucha común para proteger nuestro planeta para las generaciones futuras. Se debe promover una cultura de consumo sostenible, educación y sensibilización sobre el cuidado del medio ambiente y se deben implementar estrategias innovadoras y eficientes que promuevan la reducción de emisiones de gases de efecto invernadero en la industria y la producción. Dentro de este proceso, la promoción de la colaboración y el diálogo entre todas las partes implicadas debe ser una prioridad, con el fin de asegurar una acción coordinada y efectiva en la lucha contra el cambio climático.

IMPACTO MEDIOAMBIENTAL DE LA INDUSTRIA

En la actualidad, la industria es una de las principales fuentes de emisiones de gases de efecto invernadero y de contaminación del aire y del agua. El impacto medioambiental de la industria es innegable, y sus consecuencias son devastadoras para el planeta y para la vida en él. Entre las principales causas del daño ambiental provocado por la industria, se encuentran los procesos productivos contaminantes, la eliminación inadecuada de residuos, la tala de bosques, la degradación de los suelos y la extracción de los recursos naturales a gran escala. La industria tiene un papel fundamental en la economía global, pero su impacto debe ser reducido de manera significativa para que sea sostenible para el medio ambiente y para las generaciones futuras. La industria tiene una alta demanda de energía, que en la mayoría de los casos es generada por la quema de combustibles fósiles, lo que conduce a la emisión de grandes cantidades de gases de efecto invernadero como dióxido de carbono, metano y óxido nitroso, responsables directos del calentamiento global y de la acidificación de los océanos. Asimismo, la emisión de partículas finas y gases tóxicos, como el de azufre y el monóxido de carbono, causan graves problemas de salud en las personas expuestas a ellos. La industria también genera un gran volumen de residuos peligrosos, como los desechos químicos y los metales pesados, que pueden afectar la calidad del agua y del suelo, y que pueden ser perjudiciales para la salud humana y la fauna.

Para reducir el impacto medioambiental de la industria se

pueden tomar diversas medidas. Estas medidas pueden ir desde cambios en los procesos productivos para reducir la emisión de gases contaminantes, hasta la implementación de medidas de reciclaje y reutilización de materiales en los procesos productivos. La tecnología y la innovación son fundamentales para el desarrollo de soluciones más sostenibles, más eficientes y limpias que permitan proteger el medio ambiente y reducir el impacto de la industria en él. Por ejemplo, se puede optar por la generación de energía a través de fuentes renovables, como la solar, la eólica, la hidráulica, la geotérmica, entre otras, en lugar de la quema de combustibles fósiles.

Es importante que la industria asuma la responsabilidad de la gestión adecuada de los residuos que genera, implementando políticas y programas de reciclaje, reutilización y reducción de residuos. Del mismo modo, la industria debe ser consciente de la importancia de la optimización de los recursos y de la gestión eficiente del agua, una práctica muy utilizada en la actualidad, que permite reducir las emisiones de gases de efecto invernadero y reducir la contaminación del aire y del agua.

Otras estrategias para reducir el impacto medioambiental de la industria pueden estar relacionadas con la elección de materiales y productos más sostenibles, preferiblemente provenientes de fuentes locales y renovables. Asimismo, es necesario que existan regulaciones estatales que limiten las emisiones contaminantes y el tratamiento inadecuado de los residuos, como los impuestos ambientales y las tarifas sobre las emisiones de gases de efecto invernadero, que incentiven a las industrias a tomar medidas más eficaces para reducir su impacto medioambiental. Si queremos proteger nuestro planeta para las generaciones futuras, debemos actuar ahora. Los problemas ambientales que enfrentamos como sociedad son cada vez más urgentes, y no podemos permitirnos seguir ignorando las consecuencias de nuestra producción y consumo insostenibles. Es importante que se tomen medidas a nivel individual y colectivo para reducir nuestro impacto en el medio ambiente, desde pequeñas cosas como elegir productos que generen menos residuos, hasta tomar conciencia de nuestra huella de carbono y buscar maneras de reducirla. La lucha contra el cambio climático no es tarea exclusiva de los gobiernos y de las grandes empresas, sino que involucra a todas y todos. Es necesario que cada persona se comprometa a contribuir para construir un mundo más sostenible y justo, donde la industria pueda desarrollarse de forma responsable y respetuosa con el medio ambiente. En este contexto, la educación ambiental y la concientización ciudadana son fundamentales para lograr una cultura del cuidado y protección del medio ambiente, y para fomentar la implementación de soluciones sostenibles que permitan mitigar los efectos del cambio climático.

El impacto medioambiental de la industria es una problemática de gran importancia que nos afecta a todos. Es necesario que se tomen medidas para reducir la huella ecológica de la industria, promoviendo prácticas más sostenibles, eficientes y limpias, y que se implementen políticas y programas de gestión de residuos y de recursos que permitan proteger nuestro planeta para las generaciones futuras. La protección del medio ambiente depende de nuestras acciones y decisiones, y es prioritario para garantizar un futuro sostenible y habitable en el planeta Tierra.

PRÁCTICAS SOSTENIBLES EN LA PRODUCCIÓN

La sostenibilidad en la producción es cada vez más relevante frente a los retos del cambio climático. Es necesario reconocer que la producción industrial y comercial tiene un impacto significativo en los recursos naturales, la emisión de gases de efecto invernadero y la generación de residuos. Por ello, adoptar prácticas sostenibles en la producción es fundamental para la protección de nuestro planeta y las generaciones futuras.

Entre las prácticas sostenibles en la producción destacan la implementación de tecnologías limpias, la optimización del uso de recursos, la prevención y gestión de residuos, la adopción de mecanismos de producción más eficientes y la apuesta por modelos de negocio circulares. La implementación de tecnologías limpias es una de las medidas más importantes para la reducción de emisiones y la eliminación de sustancias contaminantes en los procesos productivos. Esto implica la inversión en tecnologías más eficientes y la reducción del consumo de energía y recursos, lo que se traduce en una menor huella ecológica.

Otra práctica sostenible en la producción es la optimización del uso de recursos, lo que implica la reducción del consumo de materias primas y agua, la gestión eficiente del consumo de energía y la reducción de emisiones de gases de efecto invernadero. La incorporación de sistemas de gestión energética en la producción industrial permite un uso más eficiente de la energía y una reducción significativa de la huella de carbono en las operaciones de la empresa.

La prevención y gestión de residuos es otra estrategia clave en la producción sostenible. La reducción de residuos en origen, la reutilización y el reciclaje son medidas importantes para reducir el impacto ambiental de la producción y minimizar la generación de residuos. La adopción de prácticas circular en la producción, como la reutilización de materias primas y la recuperación de residuos para la producción de nuevos productos, también es una práctica relevante en la producción sostenible.

En la misma línea, la adopción de mecanismos de producción más eficientes también es una medida clave para la reducción de la huella ecológica. La mejora de la eficiencia energética y la optimización de los procesos de producción permiten reducir el consumo de recursos y la emisión de gases de efecto invernadero, lo que se traduce en una menor huella ecológica.

Los modelos de negocio circulares son una tendencia creciente en la producción sostenible. Este enfoque se basa en la implementación de prácticas de economía circular, en la que se busca reducir el impacto ambiental de la producción mediante la reutilización de materias primas y la reducción de residuos. De esta manera, las empresas pueden reducir su impacto ambiental y maximizar su eficiencia en la producción y el uso de recursos, fomentando la sostenibilidad en los procesos productivos a largo plazo. La sostenibilidad en la producción es una necesidad imperante frente a los retos del cambio climático y la protección de nuestro planeta y las generaciones futuras. Adoptar prácticas sostenibles en la producción implica la implementación de tecnologías limpias, la optimización del uso de recursos, la prevención y gestión de residuos, la adopción de mecanismos de producción más eficientes y la apuesta por modelos de negocio circulares. Estas medidas, junto con una conciencia ambiental más profunda, pueden marcar la diferencia en la reducción del impacto ambiental de la producción y la protección de nuestro planeta para las generaciones futuras.

REDUCCIÓN DE EMISIONES Y MEJORA DE LA HUELLA DE CARBONO

La reducción de emisiones y la mejora de la huella de carbono son medidas cruciales para hacer frente al cambio climático y proteger nuestro planeta para las generaciones futuras. En este sentido, es necesario adoptar un enfoque integral y abordar tanto la producción como el consumo de energía responsable y sostenible. Una forma de reducir las emisiones de gases de efecto invernadero es mediante el uso de fuentes de energía renovable, como la energía eólica y la solar. La implementación de políticas de conservación de energía también puede contribuir significativamente a la reducción de emisiones. Asimismo, la promoción del transporte sostenible, como el uso de bicicletas y el transporte público, reduce la huella de carbono, al tiempo que mejora la calidad de vida urbana. Otro aspecto importante es la implementación de prácticas responsables en la agricultura y la gestión de residuos, lo que reduce las emisiones de metano y otros gases de efecto invernadero, además de disminuir el desperdicio de alimentos y recursos valiosos. La reducción de emisiones y la mejora de la huella de carbono pueden ser logradas mediante la implementación de prácticas y políticas sostenibles, y los esfuerzos individuales y colectivos son necesarios para enfrentar la amenaza del cambio climático y proteger nuestro planeta para las generaciones futuras.

La amenaza del cambio climático es una de las mayores preocupaciones a nivel global. La comunidad científica ha demostrado de manera sobresaliente que nuestra actividad humana es la principal responsable de las emisiones de gases de efecto invernadero que están causando el aumento de la temperatura global. La respuesta a este desafío no ha sido uniforme ni efectiva como sería necesario. A pesar de la evidencia, muchos todavía niegan la realidad del cambio climático o minimizan su impacto. Otros se han limitado a acciones simbólicas o insuficientes, como compromisos voluntarios de reducción de emisiones, la adopción de tecnologías renovables o la plantación de árboles, que no son capaces de revertir realmente el cambio climático. En términos más concretos, es necesario implementar políticas públicas que obliguen a las industrias más contaminantes a reducir significativamente su huella de carbono.

También es fundamental una educación ambiental masiva, para que la sociedad en su conjunto reconsidere formas desmedidas de consumo energético y adopte prácticas sostenibles en su día a día. Se necesitan inversiones en tecnologías emergentes, como la captura de carbono, y una transición radical hacia un modelo de economía circular, que preserve los recursos naturales y minimice los residuos.

Solo a través de una combinación de medidas ambiciosas y efectivas, involucramiento ciudadano y global, inversiones empresariales y cooperación gubernamental, podemos proteger nuestro planeta para las generaciones futuras.

XII. LA IMPORTANCIA DEL CAMBIO DE CULTURA

El cambio climático es una amenaza global que está afectando a todo el planeta. La evidencia científica es clara y contundente sobre la causa del cambio climático, la actividad humana. Las emisiones de gases de efecto invernadero son las responsables de la alteración del clima, lo que está obligando a la humanidad a responder. La alteración climática ya está afectando a millones de personas en todo el mundo. El impacto del cambio de la temperatura del agua en los océanos, el aumento del nivel del mar, las sequías y las inundaciones son algunas de las consecuencias del cambio climático. Debemos hacer cambios significativos para proteger nuestro planeta para las generaciones futuras. A pesar de que algunas personas consideran que el cambio de cultura no es importante, el cambio cultural es una parte importante para enfrentar la amenaza del cambio climático. El cambio cultural implica cambios en los valores, las actitudes y los comportamientos de las personas. Es crucial que las personas cambien su forma de ver el cambio climático si queremos enfrentar la amenaza que representa. Los individuos deben estar dispuestos a hacer cambios en sus propias vidas, como reducir el uso de plástico, caminar más, usar más transporte público y conducir menos. También es importante que las personas cambien su forma de ver la energía y los recursos naturales. La energía renovable debe ser vista como un componente importante del futuro energético de la humanidad.

el cambio cultural también implica cambios a nivel institucional. Los gobiernos y las empresas tienen la capacidad de hacer cambios significativos. Por ejemplo, los gobiernos pueden implementar regulaciones ambientales más estrictas, aumentar los impuestos sobre las emisiones de gases de efectos invernadero y proporcionar incentivos para las energías renovables. Las empresas pueden hacer cambios en sus procesos de producción, usar energía renovable y reducir la producción de residuos.

El cambio cultural es una parte importante para enfrentar la amenaza del cambio climático. Esencialmente, debemos cambiar nuestra forma de ver el mundo y nuestra relación con los recursos naturales para proteger nuestro planeta y garantizar una vida normal para las generaciones futuras. Los cambios culturales significativos hacia una sociedad más sostenible y justa son necesarios si queremos que la humanidad sobreviva en este planeta.

NUEVAS FORMAS DE PRODUCCIÓN Y CONSUMO

En la actualidad, se están explorando nuevas formas de producción y consumo para mitigar el impacto del cambio climático. Una de estas formas es la economía circular, que busca reducir la extracción de recursos naturales y minimizar los residuos. En lugar de desechar los productos, se busca darles una segunda vida y reintegrarlos en la cadena productiva. Se está promoviendo el uso de energías renovables como la solar y la eólica para reducir la emisión de gases de efecto invernadero y la dependencia de combustibles fósiles. También se están implementando alternativas de transporte sostenible como el uso de bicicletas, vehículos eléctricos y sistemas de transporte público eficientes. Por otro lado, los consumidores están tomando un papel activo en el cambio hacia un consumo más responsable, exigiendo productos y servicios sostenibles y evitando el uso excesivo de plásticos y envases desechables. Finalmente, es importante destacar el papel de la educación y la conciencia ambiental en la promoción de estos cambios de hábitos. Para proteger nuestro planeta para las generaciones futuras, es necesario tomar acciones concretas y comprometernos en la transición hacia una economía y un estilo de vida más sostenibles.

RESPONSABILIDAD AMBIENTAL EN EL MUNDO EMPRESARIAL

La responsabilidad ambiental en el mundo empresarial es una cuestión primordial en la actualidad debido a los efectos adversos que el cambio climático está provocando en el planeta. Las empresas tienen una gran responsabilidad en la protección del medio ambiente, ya que son ellas las principales responsables de emitir grandes cantidades de gases de efecto invernadero y de hacer un uso intensivo de los recursos naturales. Cada vez son más las empresas que están tomando medidas para minimizar su impacto ambiental y proteger el planeta para las generaciones futuras.

Entre las acciones que las empresas pueden tomar para proteger el medio ambiente se encuentran la reducción de sus emisiones de gases de efecto invernadero, la implementación de medidas de eficiencia energética, el uso de fuentes de energía renovable, la gestión sostenible de los recursos naturales, la reducción de residuos y la promoción de prácticas sostenibles en toda la cadena de suministro.

Un ejemplo de empresa comprometida con la responsabilidad ambiental es Patagonia, una compañía de ropa outdoor que se ha comprometido a reducir su huella de carbono y a minimizar el impacto ambiental de sus productos a lo largo de todo su ciclo de vida. Patagonia ha adoptado medidas para reducir sus emisiones de gases de efecto invernadero, incluyendo la inversión en energías renovables y la minimización de los desplazamientos de sus empleados. Trabaja con proveedores y fabricantes para promover la adopción de prácticas sostenibles y ha implementado programas para la gestión de residuos y el reciclaje de materiales. Otro ejemplo de empresa comprometida con la sostenibilidad es Unilever, una compañía global de bienes de consumo que ha establecido objetivos ambiciosos para reducir su impacto ambiental. Unilever se ha comprometido a reducir a la mitad su huella ambiental para 2030, a través de la eliminación de residuos, la reducción de emisiones y el uso de energías renovables. Está trabajando con sus proveedores para fomentar prácticas sostenibles y ha lanzado una serie de productos sostenibles, incluyendo envases reciclados y productos de limpieza que utilizan fuentes renovables en su elaboración.

Es importante destacar que, aunque cada vez son más las empresas que se están comprometiendo con la sostenibilidad, todavía queda mucho por hacer a nivel global para proteger el planeta. Para hacer frente a la amenaza del cambio climático es necesario que todas las empresas, independientemente de su tamaño o sector, tomen medidas para reducir su impacto ambiental. Es necesario que los gobiernos y la sociedad en su conjunto promuevan políticas y acciones para fomentar la sostenibilidad y para acelerar la transición a una economía baja en carbono.

La responsabilidad ambiental en el mundo empresarial es una cuestión fundamental para proteger el medio ambiente y garantizar un futuro sostenible para las generaciones futuras. Aunque todavía queda mucho por hacer, cada vez son más las empresas que se están comprometiendo con la sostenibilidad y adoptando medidas para reducir su impacto ambiental. Es necesario que todas las empresas, gobiernos y sociedad en general trabajen juntos para promover la sostenibilidad y hacer frente a la amenaza del cambio climático. Solo así podremos garantizar un futuro sostenible para todos.

LA EDUCACIÓN COMO MEDIO DE CAMBIO CULTURAL

La educación es un medio fundamental para generar cambios culturales y esencial para enfrentar la amenaza del cambio climático. Con la educación ambiental, podemos generar conciencia sobre la importancia de cuidar nuestro planeta y promover acciones sostenibles en nuestro diario vivir. La educación también es un fundamental para fomentar innovaciones tecnológicas y soluciones para resolver los desafíos climáticos. Educar sobre el cambio climático y la importancia de la sostenibilidad es importante para fomentar cambios en los patrones de producción y consumo. La educación también es crucial en la toma de decisiones y la implementación de políticas públicas eficaces para enfrentar los desafíos del cambio climático. A través de la educación podemos fomentar cambios culturales y transformaciones profundas en la sociedad, necesarias para enfrentar la amenaza del cambio climático, proteger nuestro planeta y garantizar un futuro sostenible para las próximas generaciones.

El cambio climático representa una amenaza sin precedentes para la humanidad y el planeta en que vivimos. Un fenómeno que es resultado de la actividad humana, y que ha sido exacerbado por décadas de negligencia y falta de acción. Afortunadamente, estamos empezando a tomar medidas para abordar esta problemática, aunque todavía queda un largo camino por recorrer. Para empezar, es fundamental que seamos conscientes de la magnitud del problema y su impacto sobre nuestro entorno. El aumento de la temperatura global, la pérdida de la biodiversidad, la contaminación de los océanos, entre otras consecuencias, son justificaciones claras para la adopción de medidas urgentes. Desde gobiernos e instituciones internacionales hasta organizaciones no gubernamentales, empresas y ciudadanos independientes, cada uno tiene un papel que desempeñar. En este sentido, se pueden tomar diversas acciones para proteger nuestro planeta. En primer lugar, se deben establecer y cumplir regulaciones y acuerdos internacionales que limiten las emisiones de gases de efecto invernadero, y promover el uso de energías renovables. Es importante promover la educación y conciencia ambiental, lo que incluye desde pequeñas acciones cotidianas, como consumir productos locales y reducir el uso de plástico, hasta adoptar estilos de vida que minimicen nuestro impacto ambiental. Las empresas también pueden hacer su parte a través de prácticas sostenibles y responsabilidad social corporativa, como utilizar tecnología eficiente, reducir el desperdicio de recursos, y establecer políticas de cero emisiones. En cuanto al ciudadano individual, podemos apoyar a quienes lideran en la lucha contra el cambio climático, votar por políticas ambientales en las elecciones, activismo cívico y difundir información a través de nuestras redes, haciendo que el ambiente sea una prioridad. La amenaza del cambio climático es un problema real y urgente que requiere que todos hagan su parte, con el fin de proteger nuestro planeta para las generaciones futuras.

XIII. RETOS Y OPORTUNIDADES PARA LA ECONOMÍA

La economía es una de las áreas más afectadas por el cambio climático y es necesario tomar medidas para protegerla. Algunos de los retos más importantes que se presentan son la necesidad de adaptar las empresas a las nuevas condiciones climáticas, así como de desarrollar tecnologías y procesos más sostenibles. También se plantea el desafío de reducir las emisiones de gases de efecto invernadero y de fomentar la economía circular para minimizar el impacto ambiental de las actividades económicas. No todo son retos, también se abren nuevas oportunidades para la economía gracias a la creciente demanda de productos y servicios sostenibles. Esto puede traducirse en la aparición de nuevos nichos de mercado y en la creación de empleos verdes que contribuyan al desarrollo económico de manera responsable con el medio ambiente. Aunque estos cambios implican ciertos costos en el corto plazo, resultan imprescindibles para garantizar un futuro viable para nuestra economía y nuestro planeta. Es por ello por lo que es importante promover la educación y conciencia ambiental, así como trabajar de manera coordinada entre gobiernos, empresas y sociedad para alcanzar estos objetivos. De esta manera, se puede construir un futuro sostenible para las generaciones venideras en el que la protección del medio ambiente y el desarrollo económico vayan de la mano.

NUEVAS FUENTES DE ENERGÍA

Las nuevas fuentes de energía están siendo cada vez más importantes debido a la amenaza del cambio climático. El uso masivo de combustibles fósiles es el principal causante del aumento de las emisiones de gases de efecto invernadero, lo que está provocando cambios climáticos drásticos en todo el mundo. Para hacer frente a esta situación y proteger nuestro planeta para las generaciones futuras, se necesitan nuevas fuentes de energía limpias y sostenibles. Algunas de las opciones más prometedoras incluyen la energía solar, la eólica y la hidroeléctrica. Estas tecnologías son capaces de generar energía limpia sin emisiones nocivas y con un impacto mínimo en el medio ambiente. Las nuevas fuentes de energía están siendo cada vez más competitivas en términos de costos, lo que las hace más accesibles a los consumidores. En este sentido, tanto los gobiernos como las empresas están invirtiendo en la investigación y el desarrollo de nuevas tecnologías de energía limpia. Todavía hay mucho por hacer para acelerar la transición hacia una economía basada en energías renovables. Se necesitan políticas públicas más sólidas, incentivos financieros y una mayor colaboración internacional para hacer frente a este desafío global. La protección del medio ambiente y el bienestar de las futuras generaciones dependen en gran medida de nuestra capacidad para adoptar nuevas fuentes de energía limpias y sostenibles en todo el mundo.

INNOVACIÓN Y CREATIVIDAD EN LA ECONOMÍA VERDE

En la economía verde, la innovación y creatividad son fundamentales para lograr soluciones que sean sostenibles y respetuosas con el medio ambiente. Es necesario promover la creatividad y el pensamiento innovador para desarrollar tecnologías y procesos que contribuyan a reducir las emisiones de gases de efecto invernadero y a preservar los recursos naturales. Esta iniciativa debe ser liderada tanto por el sector público como privado, y la colaboración entre ambos será esencial para alcanzar el éxito en la protección del medio ambiente.

En este sentido, la implementación de políticas que promuevan la innovación y la creatividad en la economía verde será de vital importancia. Por ejemplo, es necesario establecer incentivos fiscales y económicos que fomenten la inversión en tecnologías amigables con el medio ambiente. Se deberá fomentar el uso de métodos de producción limpia que promuevan el uso eficiente de los recursos y la minimización de los residuos, así como el desarrollo de soluciones innovadoras para la gestión de residuos y el reciclaje. Otro aspecto relevante de la innovación y creatividad en la economía verde es la necesidad de adaptarse a las condiciones cambiantes del clima. En este sentido, se hace imprescindible el desarrollo de nuevas tecnologías y de procesos más eficientes que permitan la adaptación a fenómenos meteorológicos extremos, como sequías, inundaciones y tormentas. Asimismo, la innovación en el sector agropecuario será clave para continuar suministrando alimentos para una población mundial en constante crecimiento.

En la actualidad, existen muchos casos exitosos de innovación y creatividad en la economía verde. En algunos países, como Alemania y Dinamarca, se han desarrollado políticas y programas que han permitido el desarrollo de nuevas empresas y tecnologías en el sector de las energías renovables, convirtiéndose en referentes a nivel mundial. En Asia, países como China y Singapur están liderando la transición hacia la economía verde, mediante el uso de tecnologías innovadoras y políticas públicas que fomentan la eficiencia energética y la reducción de emisiones. Se están abriendo nuevas oportunidades de crecimiento económico en sectores como el de la movilidad eléctrica, las edificaciones sostenibles, la gestión eficiente de los recursos naturales y la agricultura y la pesca sostenibles. Por tanto, la innovación y creatividad son fundamentales para aprovechar estos nichos de mercado y para desarrollar nuevos productos y servicios sostenibles que mejoren la calidad de vida de las personas y cuiden el medio ambiente.

La innovación y creatividad son clave para enfrentar los retos del cambio climático y para otras amenazas medioambientales. Es necesario impulsar políticas públicas que fomenten la inversión en empresas y tecnologías sostenibles, y que estimulen la creatividad y el pensamiento innovador en el sector privado. La innovación y creatividad son fundamentales también para la adaptación al cambio climático y para la preservación de los recursos naturales. Se necesita hacer un esfuerzo conjunto en todo el mundo para proteger nuestro planeta para las generaciones futuras.

BENEFICIOS ECONÓMICOS DEL CAMBIO CLIMÁTICO

En contraposición a los desafíos ambientales, el cambio climático también ha sido fuente de beneficios económicos para ciertas industrias. De hecho, algunos argumentan que el cambio climático puede presentar oportunidades en términos de inversión y empleo. Uno de los principales beneficios económicos del cambio climático es el aumento en la demanda de energía renovable y la inversión en tecnología verde. A medida que las emisiones de gases de efecto invernadero continúan aumentando, muchas empresas se están volviendo más conscientes de la necesidad de adoptar tecnologías más sostenibles. Esto ha llevado al desarrollo de una serie de tecnologías innovadoras, como turbinas eólicas, paneles solares y biocombustibles que están impulsando la inversión en energía renovable. La inversión en tecnología verde no solo beneficia al medio ambiente al reducir las emisiones de dióxido de carbono, sino que también puede proporcionar empleos adicionales y nuevas oportunidades de negocio.

El cambio climático también ha impactado positivamente en ciertas industrias como el turismo. En lugares donde el clima se ha vuelto más cálido y atractivo, el turismo puede verse beneficiado de formas significativas. La temporada de invierno más corta y el clima más cálido en puntos turísticos como playas, aumentan el tiempo de estadía de los visitantes y contribuyen a la economía local. En lugares donde las temperaturas de verano son demasiado altas, los turistas pueden decidir visitar estas regiones en los meses más frescos, lo que contribuye a prolongar la temporada turística y reducir la dependencia de una única temporada para generar ganancias económicas para las empresas locales.

También es importante señalar que estos beneficios económicos de corto plazo pueden tener graves consecuencias a largo plazo. Los riesgos económicos y sociales asociados con el cambio climático, como la escasez de agua y la proliferación de enfermedades infecciosas, pueden superar cualquier beneficio económico a corto plazo. Por ejemplo, la disminución de la calidad del aire debido al aumento de la temperatura del planeta puede aumentar las tasas de mortalidad y enfermedades respiratorias, lo que puede resultar en costos considerables de atención médica y pérdidas económicas. La escasez de agua, especialmente en países donde el riego es clave para su economía, podría traducirse en una mayor inversión en tecnología de tratamiento de aguas residuales y la creación de nuevos sistemas de riego, lo que podría resultar en un elevado costo e impacto social.

Aunque el cambio climático puede tener beneficios económicos a corto plazo para algunos sectores, estos beneficios palidecen en comparación con las consecuencias negativas a largo plazo para nuestras economías y nuestro planeta. A medida que continuamos luchando por reducir las emisiones de gases de efecto invernadero y mitigar los efectos del cambio climático, es importante considerar tanto los riesgos y beneficios asociados con estos diversos procesos. Es necesaria una acción conjunta en todos los niveles, desde los individuos hasta los gobiernos, para proteger nuestro planeta para las generaciones futuras.

El cambio climático es una amenaza cada vez más evidente para nuestro planeta, y su origen se encuentra en la actividad humana. Al quemar combustibles fósiles, emitimos grandes cantidades de gases de efecto invernadero, como el dióxido de carbono, el metano y el óxido nitroso, que retienen el calor del sol en la atmósfera y causan el aumento de la temperatura global. Esta situación tiene graves consecuencias, desde la acidificación del océano hasta el derretimiento de los glaciares y el aumento del nivel del mar. Para hacer frente a este problema, se requiere una respuesta conjunta y coordinada por parte de gobiernos, empresas y la sociedad en general. Entre las medidas necesarias se encuentran la reducción de las emisiones de gases de efecto invernadero, el fomento de energías limpias y renovables, la promoción de prácticas sostenibles en la agricultura y la ganadería, la protección de los bosques y los océanos y la implementación de políticas públicas que incentiven la adopción de prácticas responsables por parte de los consumidores. Solo de esta manera podremos proteger nuestro planeta y garantizar un futuro para las generaciones venideras.

XIV. LA NECESIDAD DE PLANIFICAR EL FUTURO

En la actualidad, uno de los mayores desafíos que enfrenta la humanidad es el cambio climático. La emisión de gases de efecto invernadero, la tala de bosques y el consumo insostenible de recursos naturales son algunas de las causas principales de este fenómeno que pone en peligro nuestro planeta y su biodiversidad. Ante esta situación, es imperativo planificar el futuro y tomar medidas inmediatas para proteger la Tierra y garantizar su habitabilidad para las generaciones futuras. Para ello, es necesario que los gobiernos, las empresas, los ciudadanos y las comunidades trabajen juntos para reducir las emisiones de gases contaminantes, proteger los ecosistemas y fomentar prácticas sostenibles en todos los ámbitos de la vida.

En primer lugar, es fundamental reducir las emisiones de gases de efecto invernadero. Esto se puede lograr mediante la transición a energías renovables y la implementación de tecnologías más eficientes en materia de energía. Los gobiernos tienen un papel clave que desempeñar en este sentido, fomentando la inversión en tecnologías limpias y estableciendo políticas y regulaciones que promuevan la reducción de emisiones. Asimismo, las empresas pueden contribuir a la lucha contra el cambio climático adoptando prácticas más sostenibles en sus operaciones y productos, y los ciudadanos pueden hacer su parte mediante la adopción de hábitos de consumo más conscientes y responsables.

En segundo lugar, es esencial proteger los ecosistemas naturales. Los bosques, los océanos y otros hábitats naturales son vitales para la salud del planeta y su biodiversidad. Estos ecosistemas están siendo degradados y destruidos como consecuencia del cambio climático, la deforestación, la contaminación y otros factores. Es necesario tomar medidas para detener esta tendencia y proteger los ecosistemas más vulnerables y valiosos. Esto puede implicar la creación de áreas protegidas, la promoción de la agricultura sostenible, la pesca responsable y una gestión eficaz de los recursos hídricos.

Finalmente, es imprescindible fomentar prácticas sostenibles en todos los ámbitos de la vida. Esto significa adoptar comportamientos y hábitos que minimicen el impacto ambiental y social de nuestras acciones. Algunas de estas prácticas pueden incluir la reducción del consumo de energía y agua, el reciclaje y compostaje de residuos, la elección de productos y servicios sostenibles y la promoción de una movilidad más sostenible y menos dependiente del automóvil. Igualmente, las empresas pueden fomentar la adopción de prácticas sostenibles entre sus empleados y consumidores, y los gobiernos pueden incentivar estas prácticas mediante políticas y regulaciones que promuevan la sostenibilidad. El cambio climático es una amenaza real que requiere una respuesta inmediata y coordinada. Para proteger nuestro planeta para las generaciones futuras, es necesario planificar el futuro y tomar medidas concretas que reduzcan las emisiones de gases de efecto invernadero, protejan los ecosistemas naturales y fomenten prácticas sostenibles en todos los ámbitos de la vida. Aunque esto puede requerir cambios significativos en nuestra forma de vida y en la manera en que producimos y consumimos, es un precio pequeño a pagar por la protección de nuestro hogar común y la garantía de un futuro sostenible para todos.

EL ROL DEL CAMBIO CLIMÁTICO EN LA PLANIFICACIÓN URBANA

El cambio climático, como resultado de la actividad humana, ha sido una amenaza latente en el mundo que ha puesto en jaque la vida en nuestro planeta. Cada día, se presentan cambios climáticos que afectan a la humanidad de diversas maneras, especialmente en el plano urbano. La planificación urbana es esencial para garantlzar el bienestar de las personas que habitan las ciudades. No obstante, muchas veces, estas planificaciones no han contemplado lo suficiente los efectos del cambio climático. Es necesario reconocer que el cambio climático impacta en la planificación urbana y, por ende, en la calidad de vida de las personas. En ese sentido, es importante que las autoridades tomen medidas para disminuir los efectos del cambio climático en las ciudades, y así, proteger el planeta para las generaciones futuras. En la actualidad, la urbanización es un proceso global que ha llevado a la concentración masiva de poblaciones en áreas urbanas. La tendencia a la urbanización de la población mundial nos ha permitido una mayor accesibilidad a la tecnología, a los servicios y una mejor calidad de vida. Este proceso no ha estado exento de consecuencias negativas, en especial si tomamos en cuenta la acelerada actividad humana que ha ocasionado el cambio climático. El cambio climático y sus consecuencias han demostrado que nuestra actual forma de vida requiere un cambio de paradigma.

En ese sentido, la planificación urbana debe ser considerada de igual manera bajo esta nueva perspectiva. Es necesario que la planificación urbana adopte medidas para minimizar los efectos del cambio climático. Por ejemplo, es importante que se incluyan políticas que fomenten el uso del transporte sostenible, un uso eficiente de los recursos y la promoción de energías renovables. La generación de espacios verdes en las ciudades es fundamental para reducir la huella de carbono y mejorar la calidad de vida de sus habitantes. El uso de materiales sostenibles en las construcciones, la reducción de residuos y el aprovechamiento de fuentes energéticas renovables son parte de las acciones que se pueden tomar en la planificación urbana para reducir la vulnerabilidad ante el cambio climático.

En lo que respecta a las consecuencias del cambio climático en las ciudades, es importante prevenir y minimizar su impacto en los territorios urbanos. Uno de los mayores retos que se presentan es la ocurrencia de fenómenos climáticos extremos como sequías, inundaciones o tormentas. Estos eventos pueden ocasionar graves problemas a la infraestructura urbana y afectar la calidad de vida de la población. Las ciudades deben tomar medidas para prevenir estas situaciones y mejorar su resiliencia. Las ciudades están expuestas a una gran cantidad de amenazas derivadas de la actividad humana y la variabilidad climática, por lo que es necesario tomar medidas que permitan una gestión efectiva del territorio y una planificación que minimice los impactos negativos del cambio climático.

Es necesario establecer medidas que permitan una planificación integral de las ciudades y se incorporen en ella factores tan importantes como la variabilidad climática. La planificación debe ser entendida como una herramienta que permita una gestión adecuada y eficaz de los recursos naturales, la preservación de la biodiversidad y la adaptación al cambio climático. Con la planificación como herramienta, las ciudades pueden trabajar para desarrollar sistemas de energía eficientes e integrar alternativas de transporte público, reducir la emisión de gases contaminantes, crear áreas verdes y establecer estrategias integrales para mejorar la calidad del aire.

Es importante también destacar el papel de los habitantes y usuarios de las ciudades en la lucha contra el cambio climático. Todos debemos asumir una responsabilidad como ciudadanos y tomar medidas para reducir nuestra huella de carbono. Esto implica reducir el uso del coche, utilizar medios de transporte alternativos como la bicicleta o el transporte público, ahorrar agua y energía y gestionar adecuadamente los residuos. La participación ciudadana es fundamental en la planificación urbana, es necesario involucrar a la comunidad en los proyectos que afecten su entorno y poder establecer un diálogo eficiente con la autoridad. Es urgente que se adopten medidas para minimizar los efectos del cambio climático en la planificación urbana y proteger el planeta para las generaciones futuras. La planificación integral de las ciudades, el uso de tecnología sostenible, la promoción de energías renovables, la generación de espacios verdes y la participación ciudadana son algunos de los factores que pueden contribuir a mejorar la calidad de vida de los habitantes de las ciudades y garantizar su resiliencia ante el cambio climático. Adoptar medidas concretas para combatir el cambio climático es un reto crucial que debe ser abordado desde el ámbito local hasta el internacional, y abarcando la participación de todos los actores involucrados. Es hora de actuar para proteger el planeta y el futuro de la humanidad.

PLANES NACIONALES DE MITIGACIÓN Y ADAPTACIÓN

Los planes nacionales de mitigación y adaptación son estrategias importantes en la lucha contra el cambio climático. Estos planes son herramientas cruciales para los gobiernos y las comunidades, ya que proporcionan un marco para reducir las emisiones de gases de efecto invernadero y para adaptarse a los impactos que ya están ocurriendo. La mitigación se refiere a la reducción de las emisiones de gases de efecto invernadero y al aumento de la capacidad de absorción de carbono en los sistemas naturales. La adaptación, por otro lado, se refiere a la capacidad de las comunidades y los ecosistemas para ajustarse a los cambios climáticos y reducir la vulnerabilidad a los impactos inminentes. Los planes nacionales de mitigación y adaptación cumplen con los objetivos del Acuerdo de París, que tiene como objetivo limitar el aumento de la temperatura global a menos de 2°C. Los planes nacionales de mitigación se centran en reducir las emisiones de gases de efecto invernadero mediante la transformación de los sistemas energéticos y el aumento de la eficiencia energética. Los países pueden alcanzar sus metas de mitigación seleccionando fuentes de energía renovable, como solar, eólica, hidráulica y geotérmica, y descartando las dos principales fuentes de emisiones de gases de efecto invernadero: los combustibles fósiles y la deforestación. Otras estrategias de mitigación incluyen la implementación de políticas de aumento de la eficiencia en edificios y sistemas de transporte, la agricultura sostenible y la reducción de emisiones de metano y otros contaminantes de corta duración.

La adaptación es esencial para reducir la vulnerabilidad de las comunidades y los ecosistemas a los impactos inevitables del cambio climático. Esta estrategia implica la creación de políticas y prácticas que reduzcan la exposición de las personas, los bienes y los servicios a eventos climáticos extremos, como las fuertes lluvias, las inundaciones, las sequías y el aumento del nivel del mar. Los planes nacionales de adaptación deben ser adaptados a las necesidades y los impactos específicos de cada país. Las estrategias pueden incluir la creación de sistemas de alerta temprana para eventos climáticos extremos, la mejora de la infraestructura para proteger a las comunidades de inundaciones o incendios forestales, y la promoción de prácticas agrícolas resilientes al cambio climático.

Los planes nacionales de mitigación y adaptación requieren la colaboración y cooperación de múltiples actores, incluyendo los gobiernos locales, las empresas, y la sociedad civil. La educación es una herramienta importante para sensibilizar sobre la urgencia de la mitigación y la adaptación y para fomentar el cambio de comportamiento. La asociación entre los sectores público y privado también es crucial para lograr los objetivos de mitigación y adaptación. Las empresas pueden contribuir mediante la implementación de prácticas sostenibles, como el uso de fuentes de energía renovable y la reducción de residuos. Los gobiernos también pueden facilitar la transición hacia una economía baja en carbono mediante la aprobación de políticas alentadoras para la inversión en tecnologías limpias y eficientes. Los planes nacionales de mitigación y adaptación son herramientas cruciales en la lucha contra el cambio climático. Estos planes son necesarios para reducir las emisiones de gases de efecto invernadero y para adaptar a las comunidades a los impactos inevitables del cambio climático. La mitigación y la adaptación requieren la colaboración y cooperación de múltiples actores, incluyendo los gobiernos locales, las empresas y la sociedad civil. La educación es una herramienta importante para sensibilizar sobre la urgencia de la mitigación y la adaptación, y para fomentar el cambio de comportamiento. Es imprescindible actuar de manera urgente para proteger nuestro planeta para las generaciones futuras y mitigar el impacto del cambio climático en nuestra vida en la Tierra.

PRIORIZACIÓN DE LAS NECESIDADES MUNDIALES

En el mundo actual, nos enfrentamos a una serie de necesidades que deben ser priorizadas para asegurar la sostenibilidad y protección del planeta. Uno de los mayores retos que debemos enfrentar es el cambio climático, el cual representa una amenaza global que no solo afecta al medio ambiente, sino también a la economía, la salud, la seguridad alimentaria y la estabilidad política. En respuesta a esta amenaza, se han tomado medidas a nivel internacional para reducir las emisiones de gases de efecto invernadero y adaptarse a los cambios climáticos ya existentes. Estas acciones incluyen la implementación de políticas y regulaciones que promueven la energía renovable, la mejora de la eficiencia energética, la reducción de la deforestación y la restauración de ecosistemas, entre otras. También se están realizando esfuerzos para concientizar a la población sobre la importancia de tomar acciones individuales para reducir su huella de carbono y adoptar hábitos sostenibles en el consumo y producción de bienes y servicios.

Para enfrentar este reto a largo plazo, se debe tomar un enfoque integral que involucre a múltiples sectores y actores a nivel global. Es importante reconocer que las acciones realizadas a nivel nacional y local son cruciales para lograr un impacto real en la mitigación del cambio climático. También se requiere de un esfuerzo colectivo que involucre a los países desarrollados y a los que están en desarrollo para asegurar que los esfuerzos sean equitativos y justos en cuanto a su responsabilidad histórica e impacto actual.

Otra necesidad importante es la seguridad alimentaria, la cual se ve cada vez más afectada por el cambio climático, la pérdida de biodiversidad y la sobre explotación de los recursos naturales. Para garantizar la seguridad alimentaria mundial, se deben tomar medidas que mejoren la producción agrícola, la innovación tecnológica y el acceso equitativo a alimentos para todas las personas. También se debe prestar atención a la protección de la biodiversidad y la conservación de los servicios ecosistémicos, ya que son esenciales para la producción de alimentos y para el bienestar humano en general.

Otra necesidad que debe ser priorizada es la salud. Los efectos del cambio climático, como el aumento de la temperatura, la contaminación del aire y el agua, y la propagación de enfermedades transmitidas por vectores, pueden tener un impacto en la salud de las personas. Se deben tomar medidas para reducir la contaminación y las emisiones de gases de efecto invernadero, así como mejorar la calidad del aire y del agua. Se deben tomar acciones para prevenir y controlar las enfermedades transmitidas por vectores, y fortalecer los sistemas de salud del mundo en general para hacer frente a los nuevos desafíos de salud pública y mejorar la atención sanitaria en general.

Otra necesidad es la igualdad social y económica. La brecha entre los ricos y los pobres es cada vez más grande y representa una amenaza a la estabilidad social y política en todo el mundo. Para abordar esta necesidad, se deben tomar medidas para garantizar la igualdad de oportunidades en cuanto al acceso a la educación, la salud, la vivienda y el empleo. También se deben promover políticas que aborden la desigualdad de género y promuevan la inclusión social de todos los grupos marginados. Finalmente, una necesidad que debe ser atendida para asegurar la sostenibilidad del planeta es la conservación y el uso sostenible de los recursos naturales. La sobre explotación de los recursos naturales, como los combustibles fósiles, la deforestación y la sobrepesca, representa una amenaza a largo plazo a la salud del planeta. Es importante tomar medidas para mejorar la eficiencia en el uso de los recursos, promover prácticas sostenibles en la producción y consumo de bienes y servicios, y fomentar la conservación de la biodiversidad y los servicios ecosistémicos.

Se deben tomar medidas para priorizar las necesidades mundiales, incluyendo la mitigación del cambio climático, la seguridad alimentaria, la salud pública, la igualdad social y económica, y la conservación y el uso sostenible de los recursos naturales. Estas necesidades están estrechamente relacionadas entre sí y deben ser abordadas de manera integral para lograr la sostenibilidad y protección del planeta para las generaciones presentes y futuras. El cambio climático es una de las mayores amenazas que enfrenta la humanidad en la actualidad. Sus efectos se están sintiendo en todo el mundo, desde tormentas más frecuentes y severas hasta sequías prolongadas y aumento del nivel del mar. Estamos respondiendo de diversas maneras para intentar mitigar esta amenaza. En términos políticos, se han llevado a cabo diversas cumbres internacionales sobre el cambio climático, como la Cumbre de París de 2015, en la que se establecieron objetivos concretos para reducir las emisiones de gases de efecto invernadero y limitar el aumento de la temperatura global. Se han establecido acuerdos entre países para reducir la deforestación y promover prácticas agrícolas más sostenibles.

A nivel individual, también hay muchas acciones que se pueden tomar para proteger nuestro planeta para las generaciones futuras. Una opción es reducir nuestro uso de energía, ya sea a través de la elección de automóviles más eficientes en el consumo de combustible o el uso de fuentes de energía renovable. Otra forma es reducir nuestro consumo de productos de carne y lácteos, ya que la producción de carne y lácteos a gran escala es una de las causas principales de la emisión de gases de efecto invernadero. Se puede reducir nuestro consumo de plásticos, ya que su producción y eliminación son muy perjudiciales para el medio ambiente. Otra forma en la que podemos proteger nuestro planeta es promoviendo prácticas sostenibles en nuestra comunidad. Esto incluye el uso de transporte público y bicicletas, así como el apoyo a los agricultores locales y la compra de productos frescos y de temporada. Podemos utilizar y promover técnicas de jardinería sostenibles, como la siembra de flores y plantas nativas y la reducción de nuestro uso de pesticidas.

Aunque el cambio climático presenta una amenaza significativa para la humanidad, hay muchas acciones que podemos tomar tanto individualmente como en comunidades para proteger nuestro planeta para las generaciones futuras. Esto incluye reducir nuestro uso de energía y productos de origen animal, promover prácticas agrícolas y de jardinería sostenibles, y apoyar esfuerzos políticos para reducir las emisiones de gases de efecto invernadero. Si todos hacemos nuestra parte, podemos proteger nuestro planeta y asegurarnos de que siga siendo un lugar habitable para las generaciones venideras.

XV. CONCLUSIÓN

El cambio climático es una amenaza grave para la humanidad y para el planeta en sí mismo. Las emisiones de gases de efecto invernadero han aumentado significativamente en los últimos siglos debido a la quema de combustibles fósiles, la deforestación y la agricultura intensiva. Esto ha conducido a un aumento de temperaturas, el derretimiento de los glaciares y el agua de los mares y océanos, y un aumento en la frecuencia e intensidad de los eventos climáticos extremos. Es necesario que la humanidad tome medidas a nivel global para reducir las emisiones de gases de efecto invernadero, lo que puede lograrse mediante la transición a fuentes de energía renovable, la reducción del consumo de carne y la agricultura sostenible y la reducción del consumo de energía. También necesitamos adaptarnos a los cambios climáticos que ya están sucediendo, lo que puede requerir medidas como la construcción de infraestructuras para proteger a las comunidades de las inundaciones y la sequía, la creación de sistemas de alerta temprana, y el desarrollo de tecnologías para la gestión de recursos hídricos y la agricultura.

Estas medidas deben ser implementadas en un esfuerzo global para garantizar que nuestro planeta sea protegido para las generaciones futuras.

RESUMEN DE LOS PRINCIPALES TEMAS DEL ENSAYO

El ensayo "Cambios Climáticos y la Humanidad: Retos y Soluciones" aborda de manera detallada la problemática que representa el cambio climático a nivel mundial, así como también la manera en que la humanidad está respondiendo a esta amenaza ambiental. Dentro de los principales temas que se abordan en el ensayo, se encuentra la descripción de las acciones que han llevado a cabo los seres humanos a lo largo de la historia para contribuir al cambio climático, tales como la emisión de gases contaminantes, la deforestación, la contaminación del aire y de los océanos, entre otros. Así mismo, se describe cómo el cambio climático está teniendo consecuencias en todo el mundo, desde el aumento del nivel del mar hasta el derretimiento de los polos y la pérdida de la biodiversidad.

También se hace énfasis en la necesidad de tomar medidas para proteger nuestro planeta para las generaciones futuras. Se mencionan diferentes soluciones que se pueden implementar de manera individual y colectiva, tales como el uso de energías renovables, la mejora en la gestión de los residuos, la replantación de árboles, el uso de medios de transporte más eficientes y el fomento de una cultura de consumo responsable. Es importante destacar la necesidad de comprometerse en la lucha contra el cambio climático, ya que esta problemática no solo amenaza nuestra calidad de vida, sino también la supervivencia de especies animales y vegetales y el equilibrio del planeta en su conjunto.

En cuanto a la respuesta de la humanidad ante la amenaza del cambio climático, se describe de qué manera han actuado los gobiernos y las organizaciones internacionales. Se mencionan acuerdos internacionales para reducir las emisiones de gases contaminantes y el papel que juegan las empresas en la reducción de su huella de carbono. Así mismo, se hace hincapié en la necesidad de una mayor colaboración entre diferentes actores, y en particular en la importancia de una educación ambiental para concientizar a las personas acerca de la gravedad del problema.

Se enfatiza en que todas estas soluciones requieren de una acción colectiva. Es necesario que cada uno de nosotros asuma su responsabilidad en la lucha contra el cambio climático, y que seamos conscientes de que nuestras acciones individuales pueden tener un impacto significativo. A través del compromiso y la colaboración, podemos proteger nuestro planeta para las generaciones futuras, garantizando un futuro sostenible y saludable para todos.

REFLEXIÓN SOBRE LA IMPORTANCIA DEL CAMBIO CLIMÁTICO PARA EL FUTURO

El cambio climático es una de las mayores amenazas a las que se enfrenta la humanidad y, sin embargo, todavía hay sectores que niegan su existencia o minimizan su importancia. Es importante reflexionar sobre la magnitud del problema y sobre el papel que cada uno de nosotros puede desempeñar para proteger nuestro planeta para las generaciones futuras.

Los efectos del cambio climático son ya evidentes en muchos lugares del mundo, desde los deshielos en los polos hasta los fenómenos meteorológicos extremos, pasando por la desertificación de zonas que antes eran fértiles. Los científicos alertan de que, si no se toman medidas urgentes, el calentamiento global continuará y sus efectos se intensificarán, con consecuencias irreparables para el planeta y para la vida de los seres humanos.

La buena noticia es que todavía estamos a tiempo de actuar.

Existen soluciones y acciones concretas que podemos llevar a cabo a nivel individual, colectivo y gubernamental para reducir nuestras emisiones de gases de efecto invernadero y mitigar el cambio climático.

Es necesario tomar medidas como promover el uso de energías renovables, fomentar el transporte público, utilizar tecnologías más eficientes, reducir el consumo de productos que tienen una huella de carbono alta, entre otras. Es fundamental tomar conciencia de que el cambio climático es un reto global que nos

compete a todos y que requiere de un esfuerzo colectivo y soste-
nido para ser abordado de manera efectiva. Solo así podremos
asegurar un futuro sostenible para las próximas generaciones.

PROPUESTAS PARA AFRONTAR EL DESAFÍO DE SALVAGUARDAR NUESTRO PLANETA

En un mundo cada vez más amenazado por los efectos del cambio climático, es esencial buscar propuestas efectivas para proteger nuestro planeta y garantizar la sostenibilidad de nuestra existencia en él. Una de las medidas más importantes que se pueden adoptar es promover las energías renovables y reducir nuestra dependencia de combustibles fósiles. Esto incluye la implementación de políticas gubernamentales y programas de inversión en energía limpia, junto con la educación y la concientización del público sobre cómo reducir la emisión de gases de efecto invernadero en nuestra vida diaria. También es fundamental promover la agricultura sostenible y la utilización de prácticas agrícolas que protejan el suelo y reduzcan la emisión de gases de efecto invernadero, reducir el consumo excesivo de carne y fomentar una dieta más basada en plantas. Las iniciativas empresariales y las comunidades locales pueden jugar un papel importante en la reducción de la huella de carbono, a través de medidas como el reciclaje, la creación de espacios verdes y la promoción del transporte público o el uso compartido de vehículos. El cambio climático es un problema global que requiere una solución global, por lo que es fundamental promover la cooperación internacional y la adopción de políticas ambiciosas y comprometidas que permitan a todas las naciones tomar medidas efectivas para abordar el problema. La solución efectiva para enfrentar el desafío de salvaguardar nuestro planeta es una combinación de medidas gubernamentales, empresariales y comunitarias, junto con una participación activa de individuos conscientes del impacto de sus acciones en el medio ambiente.

BIBLIOGRAFÍA

Luis García Montero. 'Hace falta estar ciego.' poéticas del compromiso para el siglo XXI, José M. Mariscal, Visor Libros, 1/1/2003

Pilar González Molina. 'Impacto ambiental en las actividades humanas. UF0735.' Tutor Formación, 2/21/2019

Fernando Gonzales Fernández. 'Cambio climático, patrones de consumo alimentario, migración y propuestas para la definición de políticas públicas.' Agrobiodiversidad, Resiliencia Socio ecológica y Patrones de Consumo Alimentario, ARES-PCA, 1/1/2018

ÍNDICE